Impressum

System zum Selbstschutz N.K. Kempo

ISBN: 9783752851984

Bibliografische Information der Deutschen Nationalbibliothek.
Die Deutsche Nationalbibliothek verzeichnet diese Publikation
in der Deutschen Nationalbibliografie, detaillierte bibliografische
Daten sind im Internet über http://dnb.dnb.de abrufbar

Herstellung und Verlag
BoD - Books on Demand, Norderstedt

System zum Selbstschutz/ das N.K.Kempo

 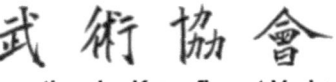 

Martial Arts Association – International

Internationaler Kampfkunst Verband
represented worldwide in over 120 countries

Lieber Großmeister Bernd Kühnapfel,

seit über 15 Jahren verfolge ich mit Freude deine Aktivitäten.

Du bist ein Experte deines Fachs und ein treuer und sehr geschätzter Großmeister der Martial Arts Association – International.

Ich freue mich sehr, Dir zu diesem Fachbuch "System zum Selbstschutz" gratulieren zu dürfen, es ist Dir bestens gelungen.

Deine persönliche Hingabe für die Kampfkünste verdient Respekt sowie außerordentliche Anerkennung und sollte als positives und ermutigendes Beispiel für alle Kampfkünstler dienen.

Ich verbleibe mit herzlichen Grüssen und wünsche Dir und Deinen Schülern weiterhin viel Erfolg.

Viel Vergnügen bei der Lektüre!

Bernd Höhle
Vorsitzender der MAA-I.

Inhaltsverzeichnis

System zum Selbstschutz/ das N.K.Kempo

Zum Autor

Bernd Kühnapfel beschäftigt sich seit über 40 Jahren mit der Kampfkunst. Kühnapfel studierte die verschiedensten Kampfkünste mit koreanischen, chinesischen, japanischen und amerikanischen Wurzeln. Er suchte ein Selbstverteidigungssystem, welches zum deutschen Gesetz passte. Mit der Gründung des "Nihon Kai" entschied er sich endgültig für das Kempo Karate - Jiu Jitsu. Kühnapfel baute dieses System weiter aus und kreierte im Jahr 2006 das "Nihon Kai Kempo Karate - Jiu Jitsu". Im Jahr 2008 begründete er das "Freestyle Streetfight De-escalation", welches nicht nur auf Inhalte des Kempo basiert. Dieses System setzt er im Bereich Deeskalation und Antiaggression ein. Kühnapfel Shihan ist für seine Geduld und Ruhe bekannt. Er besitzt aber auch eine kompetente Ausstrahlung, die ihn in seinem Beruf zum Erfolg geführt hat. Auch wenn er kein "gelernter" Schriftsteller ist, hat er dieses interessante Buch informativ und fesselnd geschrieben.

Er schildert neben fachlichen Elementen auch die Entstehung seiner Schule.

Das Lebensmotto des Bernd Kühnapfel Shihan
"Ein Weg entsteht, indem man ihn konsequent geht"

Text Angela Siemers

Kurzgeschichte zur Entwicklung

Angefangen hat eigentlich alles in einem kleinen Kino in meiner Heimatstadt Letmathe bei Iserlohn. Mit meinem damaligen Freund bin ich als 12-jähriger jeden Sonntag ins Kino gegangen. Besonders fasziniert waren wir von den damals üblichen, so genannten „Eastern". Aus heutiger Sicht billig gemachte Kung Fu Filme. Es waren Schauspieler wie David Chiang und Ti Lung, die in einem jungen Menschen von dieser Zeit einen wahren Begeisterungssturm auslösten. Natürlich fehlte auch der große Bruce Lee nicht in unserer Heldenrunde. Allerdings hatten wir diese Kunst zu dieser Zeit nur den Asiaten zugetraut.

Da ich dann trotzdem einen Verein fand, bei dem ich die Kampfkunst Taekwondo erlernen konnte, begann meine eigene Laufbahn. Ein paar Jahre später trat ich dem Kagura Gym Hemer unter der Leitung des Großmeisters Benedetto Stumpf bei. Unter seiner Leitung konnte ich diverse Kampfkünste erlernen. Da war das Tang Soo Do, das Jiu Jitsu, das Kempo und mehr. Unter seiner Anleitung erlangte ich schließlich nach einigen Jahren meinen 4. Dan. Es muss so im Jahr 2004 gewesen sein, als ich dann die wohl beste Entscheidung meines Lebens traf. Ich trat der MAA i (Martial Arts Association international) unter der Leitung des Großmeisters Bernd Höhle bei. Wir verstanden uns auf Anhieb und der Nihon Kai Hagen war ab sofort in diesem Weltverband eingebettet. Das dieser sympathische Lehrer dann auch noch mein Meister im Tai Chi werden sollte, konnte ich da noch nicht ahnen. Bernd Höhle ebnete mir meinen neuen Weg in der Kampfkunst.

Auf einem Seminar in Bielefeld traf ich dann einen Mann der Kampfkunst, der bis heute zu meinen engsten Freunden in der Szene gehört. Der Berliner Ralf Bartzsch hatte mich im Bereich der Schwertkunst inspiriert. So konnte ich auch von ihm viele völlig Kampfkunst nützliche Dinge erlernen. Aber auch seine offene und ehrliche Art war es, die mich begeisterte.
Ich meine, es wäre auch der Martial Arts Day in Bielefeld gewesen, wo ich dann meinen heutigen väterlichen Freund Florian Hahn kennenlernte. Dieser lebensbejahende Mensch sollte mir dann in unseren Gefilden mit Rat und Tat zur Seite stehen. Mir gefiel vor allem sofort seine ehrliche direkte Art; so konnte ich sehr schnell zu ihm Vertrauen fassen. Seine Leistungen in der Kampfkunst haben mich als jüngeren Meister stark beeindruckt.
Es war damals in dem Studio meines Freundes Bernd Höhle ,als ich Karsten Förster kennenlernte. Wir freundeten uns schnell an. Auch wir hatten beschlossen intensiver und enger zusammenzuarbeiten. Uns auch uns gegenseitig weiterzubringen. So erweiterte mein Freund Karsten meine Lehrerrunde als zusätzlicher Tai Chi/ Qi Gong Lehrer und zusätzlich als gewissenhafter Bundesbeauftragte der Nihon Kai Martial Arts Organization e. V.
Ich besuchte zusätzlich verschiedene Seminare und Lehrgänge, um mich weiterbilden zu können, und wurde Fachsportpädagoge des Kempo sowie Deeskalations- und Antiaggressionstrainer. Ich bekam den 8. Dan im Kempo und man verlieh mir die Ehrentitel Soke (Begründer Verwalter eines Kampfstils) und Shihan (oberster Lehrer).

Der Sinn meiner Arbeit

Von Anfang an war meine Schule nicht zu vergleichen mit anderen. Das soll nicht überheblich klingen, aber ich wollte eine Schule mit einem familiären Hintergrund. Damit meine ich nicht unbedingt nur meine eigene Familie, sondern jeder, der bei uns trainiert, sollte sich in unsere Gemeinschaft integriert fühlen. Dabei spielte nur der menschliche Faktor eine wirkliche Rolle. Hautfarbe, Religion oder die politische Einstellung eines Schülers waren und sind, sofern sie nicht gegen die Menschenrechte verstoßen, für mich völlig unwichtig.

Im Laufe der langen Jahre haben sehr viele Menschen mit den verschiedensten sozialen Hintergründen oder von unterschiedlicher nationaler Herkunft, sowie gegensätzlicher Religionen trainiert. Vorurteile waren hier nie Thema. So trainierte der Serbe mit dem Albaner, der Türke mit dem Griechen und der Moslem mit dem Christen.

Wir hatten es geschafft, mit unserer Schule Menschen zueinander zu führen, die sich wahrscheinlich im normalen Alltag nicht einmal angeschaut oder beachtet hätten. Ein wichtiger Faktor war auch in der Kindergruppe die Einbindung der Eltern. Denn Kinder hatten und haben bei uns grundsätzlich immer einen Sonderstatus. Das versteht sich von selbst bei einer siebenköpfigen Familie.

Mein Ziel

Mein eigenes Ziel werde ich kaum in einem Satz erklären können, nutze ich doch eine Zunft, die gesellschaftlich immer noch etwas verpönt ist, um alten und jungen Menschen einen effektiven und emotionalen Weg aufzuzeigen, mit dem sie in dieser Gesellschaft, mit sich selbst und anderen, besser leben können. So mancher wird sich jetzt fragen, woher ich weiß, welcher Weg für gerade diesen oder jenen Menschen der richtige ist. Das weiß ich gar nicht, das muss jeder, der bei mir trainiert, für sich selbst herausfinden. Jeder Mensch ist ein Individuum mit eigenen Gefühlen und Gedanken und die kann und will ich gar nicht verändern oder beherrschen. Eine effektive Ver-änderung kann nur von jedem selber kommen, weil ja auch jeder selbst damit leben muss. Ein chinesischer Kung Fu Meister hat dies in einem Gleichnis erklärt:

"Ich bringe euch die Zutaten, aber kochen müsst ihr."

Damit ist gemeint, dass man einem Schüler nur Dinge zeigen und erklären kann, umsetzen und für sich persönlich weiterentwickeln, muss er selbst.

Gerade die Kampfkunst ist ein optimales Mittel, um zum Beispiel seine Emotionen in den Griff zu bekommen. Wer Kampfkunst seriös trainiert, wird kurz-, mittel- oder langfristig seine eigenen Gren-zen erkennen und begreifen. Warum ist das so? Ich denke zumindest die meisten Menschen haben die Urangst, einem Angriff zu unterliegen, egal, ob in einem sportlichen Wettkampf oder bei einem ernsten Angriff, bei dem man sich selbst verteidigen muss. Wobei Letzteres sicherlich noch schwerer ins Gewicht fällt. Wenn ich das Kämpfen trainiere und weiß, wie ich mich wehren kann, werde ich zwar meine gesunde Angst nicht los, ich kann aber überlegter und besonnener reagieren. Dadurch habe ich einen großen Vorteil, denn ich weiß ja, wie es geht. Es ist also Ziel eines guten Kampfsportlers, in einer Notwehrsituation kühl, überlegt und deeskalierend aufzutreten. Arroganz und Überheblichkeit reizen den Angreifer nur und führen zu nichts, im Gegenteil, weil ich meine Unterlegenheit gegenüber dem Angreifer kompensieren muss, "geht der Schuss eher nach hinten los", wie es so schön im Volksmund heißt. Aber auch die physische Seite ist hier sehr wichtig. Der Trainierende soll an seine körperliche Leistungsgrenze herangeführt werden und so seine physischen Grenzen und Möglichkeiten erkennen. Er soll sich selber und seine Leistungsfähigkeit besser einschätzen lernen.

Letztendlich soll der Trainierende sich selbst psychisch sowie physisch erfahren und durch Verbesserung oder Zurücknahme ein gesundes Selbstvertrauen und Selbstwertgefühl erreichen. Einem Menschen wie mir ist die Gewalt zuwider. Jeden Tag hört man von neuen Gewalttaten, meist an Menschen, die ihren Peinigern körperlich unterlegen waren. Wenn ich mit meinem Konzept einigen Menschen helfen kann, in einer Notsituation überlegt, adäquat und selbstbewusst zu reagieren und dadurch körperlich und seelisch unverletzt zu bestehen, habe ich mein Ziel erreicht.

Kempo die Kampfkunst
Wortursprung

 Kempo ist eine japanische Kampfkunst mit chinesischen Wurzeln. Der chinesische Ausdruck für "Gesetz der Faust" ist "Quánfa" oder "Chuan-fa". Der Grundsteinleger war ziemlich sicher Bodhidharma aus Indien.

Als das Chuan Fa seinen Weg nach Japan fand, wurden die Schriftzeichen und die wörtliche Bedeutung 1 zu 1 übersetzt und aus dem chinesischen Chuan Fa wurde das japanische Kempo

Kempo ist sicherlich eine der faszinierendsten Kampfkünste der Welt. Hier dreht es sich nicht darum, den Gegner windelweich zu prügeln, auch wenn die landläufige Meinung das anders sieht. Nachfolgend werde ich darstellen, dass diese einfach falsch ist. Die Geschichte dieser Kampfkunst wird allerdings teilweise sehr unterschiedlich erzählt. Es ist aber davon auszugehen, dass die folgende Variante die Richtige ist.

Von Indien nach China

BILDNIS VON BODHIDHARMA

Die Wurzeln des Kempo liegen sehr weit in der asiatischen Geschichte zurück. Die Legende erzählt, dass im Jahre 480 nach Christus ein Mann namens Bodhidharma, auch von den Chinesen Ta Mo und den Japanern Daruma genannt, aus dem Süden Indiens in der Nähe von Madras mit einem Schiff in Richtung China aufbrach. Der Legende nach ist Bodhidharma der 28. Nachfolger Buddas und der Sohn eines indischen Maharadschas gewesen. Bodhidharma war an weltlicher Herrschaft nicht interessiert, sondern bemüht, das Maß an Frieden zu erhöhen und Eintracht zu verbreiten. Er hatte sich entschlossen, den Wunsch seines verstorbenen Meisters, der ihn in die Lehre des Buddha eingewiesen hatte, zu befolgen. Sein Lehrer hatte ihm empfohlen, nach China zu ziehen. Er reiste kreuz und quer durch das Land und erreichte im Jahr 520 nach Christus die Provinz Henan im Norden Chinas. Seine Intention war, dort seine Version des Zen-Buddhismus - später Chan-Buddhismus - zu lehren und zu verbreiten. Einige erhaltene Wandmalereien aus dieser Zeit gelten als Beweis dafür.

Nahezu 40 Jahre zog er durch China. Er soll auf seinem Weg auch den Hof des Kaisers be-

13

sucht haben, der Kaiser wollte von seiner neuen Lehre aber nichts wissen, da es zu dieser Zeit in China schon mehr als 30.000 verschiedene buddhistische Klöster gab. Er soll Bodhidharma wegen seiner Absicht, seine weitere Form des Buddhismus zu etablieren, sogar ausgelacht haben. Bodhidharma (der Schweigsame) soll wiederum keine Miene verzogen haben und ist einfach weiter durch das Land gezogen, um seine Mission zu erfüllen.

So kam er im Jahre 520 zur Zeit der Lian-Dynastie (506-550) an einem Kloster der Henan-Provinz (Shaolin-Szu) im Norden Chinas an. Dort wollte er die Lehre Buddhas verkünden. Die Mönche verwehrten ihm jedoch den Einzug ins Kloster. So meditierte er mehrere Jahre vor einer Höhle in den Bergen. Sein Schatten und der Abdruck seiner Knie sollen heute noch zu sehen sein. Durch diese Leistung beeindruckt öffneten die Mönche ihm dann doch ihre Tore und ließen ihn ein. Dort unterwies er sie als seine Schüler, die seinen Lehren aufgrund von Konzentrationsmangel, durch schlechte Ernährung und wenig Bewegung, jedoch nicht durchgehend folgen konnten. Einige der Mönche sollen während seiner Lehrstunden sogar eingeschlafen sein.

Darum ersann er zu deren körperlichen Belebung 24 Muskelspiele und 18 Mönchsübungen. Er unterwies sie in Gesundheitslehre und Selbstverteidigung. In den 40 Jahren seiner langen Reise hatte Ta Mo die Natur beobachten können und das Verhalten von verschiedenen Tieren. Fünf haben ihn wohl sehr beeindruckt.

1. Der Tiger - seine Fähigkeit geschickt zu jagen und seine Kraft
2. Der Leopard - seine Schnelligkeit und Ausdauer
3. Die Schlange - ihre Schnelligkeit, List und Beweglichkeit
4. Der Kranich - seine Gradlinigkeit und sein Geschick
5. Der Drache - Cleverness und Geduld

Er versuchte, diese Fähigkeiten auf den Menschen zu übertragen und legte damit nachweislich den Grundstein für das Chuan Fa, das später in Japan zum Kempo wurde.

Als Bodhidharma dann verstorben war, gingen seine Schüler auseinander und seine Lehren gerieten erst einmal in Vergessenheit. Viele hundert Jahre später zog ein Chinese mit dem Namen Chen in das Shaolin Kloster im Süden Chinas in der Provinz Fukien ein und nahm die Lehren Bodhidharmas wieder auf.

Als Oberpriester reiste Chen dann als Chueh Yuan durch das Land, um nach Meistern zu suchen, von denen er noch weiter lernen konnte. Es heißt, dass er an einer Wegkreuzung einen alten Mann (er soll Fu geheißen haben) beobachtete, der sich durch geschicktes Ausweichen erfolgreich gegen mehrere Angreifer zur Wehr setzte. Gemeinsam haben sie dann zwei weitere Meister der Kampfkunst besucht, um die Effektivität ihres neuen Systems zu verbessern. Einer von ihnen war Pai Yu Feng. Dieser versah das Chuan Fa mit

hohen Fußstellungen und schnellen Tritten. Er begründete das Shaolin Tempelboxen.

Von China nach Japan
Durch Kriege, Verfolgung und politische Wirren
flohen viele Chinesen nach Okinawa. Die von ihnen mitgebrachte Kampfkunst Chuan Fa wurde
auch hier weiter trainiert. Auch die Einheimischen
auf Okinawa übernahmen diese Kunst und nann-
ten sie Kempo, was in der japanischen Sprache
die gleiche Bedeutung hatte.
Nun trat das Kempo seinen Siegeszug um die gesamte Welt an. Viele berühmte Namen sind mit
dem Kempo verbunden. In den sechziger Jahren
des 19. Jahrhunderts erreichte es auch Europa.

Nihon Kai Kempo

Wie entstand das Nihon Kai Kempo?

Meine absolute Faszination gilt dem Kempo, es ist meine Passion und mein Herzschlag. Nach Jahren des begeisterten Trainings gehören die runden und schnellen Bewegungen sowie das gesamte System an sich zu meinem Leben wie das Essen, das Trinken und Schlafen. Entzugserscheinungen hatte und habe ich meist in der Ferienzeit. Denn ab und zu erwische ich mich, wie ich irgendwelche Kempotechniken in die Luft mache. Deswegen hätte ich eigentlich überhaupt kein neues System begründen müssen. Ich war doch mit dem, was ich erlernt hatte und in meiner Schule zeigen konnte, gut bedient. Außerdem vertrat ich immer die Ansicht, dass genug Menschen mit irgendwelchen zweifelhaften und selbstgestrickten "Systemen" den Kampfsportmarkt überhäuft hatten. Dazu wollte ich nicht gehören.

Die Vorgeschichte hatte mir diese Entscheidung allerdings dann doch leicht gemacht. Als einer der Schüler von Großmeister Stumpf hatte ich mich nun dann doch dazu entschieden, eine kleine Schule zu eröffnen. Meine sogenannten Kollegen konnten diese Tatsache allerdings schwerlich verknusen. Nie mir offen ins Gesicht, aber immer feige hinter meinem Rücken wurde dann in Frage gestellt, wie denn der Hagener mit seinem 1. Dan es sich erdreisten konnte, eine Kampfsportschule zu eröffnen. Andere sahen in meiner Nihon Kai Schule eine Möglichkeit der eigenen Selbstverwirklichung und waren dann enttäuscht, dass ich

17

für sie nicht nach dem Motto „Ich verwirkliche mich auf Dein Risiko!" arbeiten wollte. Als ich 1997 den Nihon Kai begründete, hatte ich dieses für meine Familie und mich getan und nicht als Sprungbrett für diverse zweifelhafte Kollegen.

Ich suchte fieberhaft nach einem neuen Kampfsportverband, mit dem ich neu starten konnte. Den fand ich dann in der Martial Arts Association international Ende 2004. Wie schon gesagt war diese meine beste Entscheidung. Als damaliger 5. Dan wollte ich dann das Kempo Karate – Jiu Jitsu in der Martial Arts Association international vertreten. Der 1. Vorsitzende und mein heutiger Freund Bernd Höhle ernannte mich dann zum Bundestrainer für das Kempo Karate Jiu Jitsu. Da hatte ich allerdings noch nicht mit meinen sogenannten Kollegen aus der guten alten Zeit gerechnet. Man hatte mir diesen neuen Posten nicht gegönnt und streitig machen wollen. Um allen Ärger aus dem Weg zu gehen, und auf Bitten meines Freundes Bernd Höhle habe ich dann meine Form des Kempo neu überarbeitet. Nachdem ich alle Techniken, die ich zu der Zeit über 30 Jahre erlernte, zusammengetragen hatte, verfasste ich eine neue Prüfungsordnung. Die Grundlagen meines Kempo waren geschaffen. Der Name des neuen Stils sollte einfach und unkompliziert sein, und so entstand der Begriff Nihon Kai Kempo. Auch in den weiteren Jahren habe ich mein Nihon Kai Kempo immer weiterentwickelt. Ich veränderte die alten Formen (Kata) mit neuen Bewegungsabläufen. Beim Training kommt es darauf an, die Bewegungen möglichst langsam auszuführen, da der Körper die Bewegungen dann prä-

18

ziser aufnimmt und das Unterbewusstsein sie besser speichert. Da Kempo allerdings eine Selbstverteidigungsform ist, wollte ich Techniken in diesem System, welche auch für schwächere Menschen effektiv einsetzbar sind. Zu diesem Zweck musste ich selbst weiter lernen. Ich besuchte Seminare und Lehrgänge bei wirklich guten und großen Meistern. Mir war es egal, ob dieser Lehrgangsleiter den 1. Dan oder den 10. Dan hatte, ich wollte lernen und mein System verbessern. In dieser Zeit habe ich allerdings auch sehr viele gute neue Freunde gewonnen, die mir auch heute noch zur Seite stehen. Heute habe ich Schüler in der gesamten Bundesrepublik und das Nihon Kai Kempo ist weiter auf dem Vormarsch.
Ich habe mit dieser Form des Kempo nicht die Kampfkunst neu erfunden, sondern aus heutiger Sicht ein System geschaffen, mit dem sich jeder Mensch, ob dick oder dünn, groß oder klein, stark oder schwach, wirksam verteidigen und schützen kann, ohne mit dem Strafrecht der Bundesrepublik Deutschland in Konflikt zu geraten.

Woraus besteht das Nihon Kai Kempo?

Das Nihon Kai Kempo beinhaltet vier Komponenten:

Das Kempo Karate
Hier werden fließende Hand- und Armbewegungen eingesetzt. Vom Beginn des Schlages bis kurz vor dem Auftreffen besteht keinerlei Kraftanstrengung. Erst kurz vor dem Auftreffen wird die jeweilige Muskulatur angespannt und arre-

tiert. Dadurch erreicht der sich Verteidigende eine sehr hohe Geschwindigkeit.

Kempo - Aikijitsu

Diese Komponente ist eine Kombination aus dem Kempo Jiu Jitsu und dem Aikijitsu. Das Kempo Jiu Jitsu verinnerlicht Hebel, Griffe und Würfe sowie Festlegetechniken. Das Aikijitsu beinhaltet Arm- und Handtechniken und Grundstellungen, welche dem klassischen japanischen Schwertkampf nachempfunden sind. So bietet das Kempo - Aikijitsu eine erweiterte Kombination im Bereich des Jiu Jitsu.

Was ist Aikijitsu?

Während der Kamakura Periode (von 1185-1333) der Geschichte Japans entwickelte Yoshimitsu Minamoto den Kampfstil Daito Ryu Aikijitsu, einen Ji Jitsu Stil. In diesen Zeiten regierten die Samurai-Familien in Japan. Es entstanden einige Samurai-Clans. Jeder Clan entwickelte sein eigenes Kampfsystem, diese wurden geheim trainiert und unterrichtet. So wurde dieser Stil nur an die Mitglieder des eigenen Clans vermittelt. Im Laufe der Jahrhunderte entwickelte sich dieser Kampfstil immer weiter, bis er in der Meiji- Periode (von 1868 -1912) dann an O Sensei Takeda Sokaku weitergegeben wurde. O Sensei Takeda war der erste Meister, der sein Wissen an Kämpfer, die nicht zum Clan gehörten, weitergab. Seine bekanntesten Schüler waren wohl Choi Yong Shul, Begründer des Hapkido und O Sensei Morihei Uyeshiba, Begründer des Aikido.
Die Techniken des Aikijitsu bestehen aus Hebeln,

Griffen und Würfen, aber auch aus gezielten Schlägen und Tritten. Da die Samurai im Umgang mit dem Schwert ausgebildet waren, leiteten sich viele Techniken aus dem Führen des Schwertes her. Es wird darauf gezielt, den Gegner ins Lehre laufen zu lassen und seine Kraft für sich selbst zu nutzen.

Sport Kempo Karate
Dieser Teil des Nihon Kai Kempo verkörpert den sportlichen Teil. Wer im Sport Kempo Karate trainiert, ist in der Lage, Wettkämpfe auf der Matte sowie im Ring zu kämpfen. In diesem Training wird speziell auf Kondition und Techniken trainiert, die im Wettkampf eingesetzt werden können. Sport Kempo Karate basiert daher sehr stark auf Arm- und Beintechniken des Tang Soo Do und des Kickboxing.

Kempo Waffen

In dieser Kategorie werden folgende Waffen trainiert:

1) Der Bostab - ein bis zu 1,80 m großer und gerader Stab.
2) Der Bocken - ist ein dem japanischen Samuraischwert nachempfundenes Holzschwert.
3) Die Kempostöcke - ein oder zwei ca. 60 cm lange Stöcke, die unter anderem auch zur Abwehr von anderen Waffen eingesetzt werden.
4) Der Tonfa - ein L-förmiger Mehrzweck-Einsatz-Stock, der in seinem Ursprung den

Bauern auf Okinawa als Drehgriff für ihre Mühlsteine diente.

Physische und psychische Technik

Wie schon erwähnt, sollte ein Selbstverteidi-gungssystem für jedermann so ausgelegt sein, dass auch eine " schwache Frau " gegen einen "Kraftprotz" bestehen kann. Dabei kommt es dar-auf an, dass die Person, die sich verteidigen muss, durch das Erlernte ein selbstbewusstes und selbstsicheres Auftreten entwickelt. Man könnte das auch als " psychische Technik " bezeichnen, weil Personen mit einem selbstsicheren Auftreten weniger angepöbelt oder sogar angegriffen wer-den. Letztendlich beginnt die Selbstverteidigung im verbalen und nonverbalen Bereich.

Ausführung der "psychischen Techniken"

Für die erfolgreiche Anwendung der "psychischen Technik" braucht man eine gesunde Selbstsicher-heit, keine Selbstüberschätzung. Diese erreicht man durch ein kontinuierliches Selbstschutztrai-ning. Neben funktionierenden Abwehrtechniken muss auch die Psyche der jeweiligen Person ge-stärkt sein. Das bedeutet nicht, sich unnötig in Gefahr zu bringen, vielmehr entsteht eine effekti-ve Überlegenheit eher durch defensives Verhal-ten. Genauer gesagt ist der Angreifer in der schlechteren Position, da er sich schlechter auf die Aktionen des defensiven Verteidigers einstel-len kann. Grund hierfür ist zum Beispiel, dass er durch seine natürliche Angst mit geschärften Schutzreflexen sicherer ist. Auch sein nonverba-les Verhalten wird über Eskalation oder Deeskala-tion in einer Notwehrsituation entscheiden. So kann eine arrogante Mimik und/oder aufgestellte

Fäuste den vermeintlichen Angreifer nur noch mehr reizen. Dies sind auch sicher keine überlegenen Gesten. Eher ist ein freundlicher, aber selbstsicherer Gesichtsausdruck sowie aufgestellte Hände mit den inneren Handflächen nach vorn dazu geeignet, in diesem Moment zu beruhigen.

Ausführung der "physischen Techniken"

"Handgreiflichkeiten" kommen erst dann zum Tragen, wenn ich davon ausgehen muss, selbst körperlich angegriffen zu werden. In diesem Fall habe ich darauf zu achten, dass die " Verhältnismäßigkeit der Mittel" eingehalten wird - siehe das Kapitel Recht und Gesetz. "Gehe immer davon aus, dass du wie eine Fachkraft der Kampfkunst im Vergleich zu anderen Menschen gesehen wirst. Darum wird man dich vor Gericht härter beurteilen". Ein guter Kampfkünstler kann seine Schlagkraft kontrolliert einsetzen. Deswegen spricht man auch von "Kampfkunst".
In einer Notwehrsituationen muss man mit seinen Ressourcen haushalten. Je nach Situation kann das sogar überlebenswichtig sein.

Reaktionen in einer Notwehrsituation

Bei Gefahr fährt der Mensch sein "Sicherheitssystem" hoch. Dieses hat ihm schon in der frühen menschlichen Zeit sein Leben gerettet. Allerdings nur, wenn er in der Lage war, seine natürliche Angst als seine Stärke einzusetzen und nicht in Panik zu geraten. Die gesunde Angst schärft seine Sinne und versetzt seinen Körper in einen Fluchtzustand. Was passiert denn dann? Mit nachfolgender Skizze kann man sich das verdeutlichen. Mit den für diese Situation wichtigsten Sinnen, den Augen, den Ohren und der Nase (das Schmecken und Fühlen bildet hier eine untergeordnete Ergänzung) nimmt der Mensch die Notsituation war. Das Gehirn nutzt diese Informationen und versetzt den Körper in einen Alarmzustand. Jetzt findet ein erhöhter Ausstoß des, in der Nebenniere produzierten, Adrenalin statt, um die folgenden Anstrengungen umsetzen zu können.

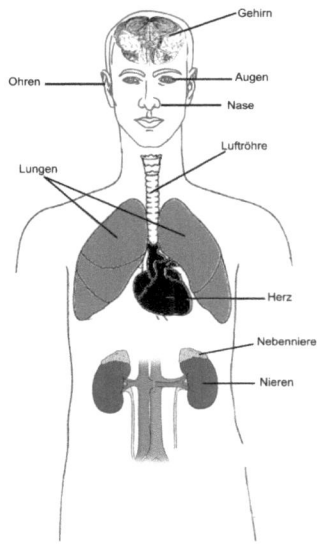

Der Blutdruck steigt, die Hertzfrequenz erhöht sich und die Lunge erweitert ihre Bronchiolen. Ferner stellt der Körper Energiereserven durch Fettabbau sowie Glukose (Zucker) und Biosynthese (viele organische Substanzen wie Hormone, Aminosäuren, Proteine, Fette und Kohlenhydrate) zur Verfügung.

Die Umstände einer Notsituation sind nicht norm-
bar, deswegen muss man im Ernstfall auf alles
gefasst sein.
Dafür brauchen wir unser Bewusstsein, welches
allerdings nur 20 % unserer Persönlichkeit aus-
macht. Diese 20 % bestehen aus den 5 Sinnen:

1. Das Sehen
2. Das Riechen
3. Das Hören
4. Das Fühlen
5. Das Schmecken

Die weiteren 80 %, das Unterbewusstsein, nutzen
wir zur Speicherung unseres Wissens, unserer Er-
fahrungen, unserer Erlebnisse, aber auch unser
Habitus (Benehmen - wie auch Mimik und Gestik)
liegen hier gespeichert und werden unwillkürlich
abgerufen. Auch die erlernten Abwehrtechniken
und Schutzreaktionen werden in diesem Bereich
gespeichert. Damit die jeweilige Abwehrmaßnah-
me auch wirksam und angemessen abgerufen
werden kann, muss der Körper diese bis zu 1200
mal trainiert haben.
Gerät man nun in eine Notwehrsituation, wird
man diese mit seinem Bewusstsein sondieren.
Zum Beispiel:

- Ist die mich angreifende Person alkoho-
  lisiert oder von anderen Drogen beeinflusst.
- Ist sie wirklich böse oder macht sie nur
  Spaß.

- Ist die mich angreifende Person klein, dick, dünn, ein Mann oder eine Frau, kräftig oder eher schwächlich.

- Ist die mich angreifende Person alleine oder sind dort noch weitere Angreifer im Umfeld.

u.s.w.

Solche Faktoren sowie das verbale (seine Aussagen), nonverbale (seine Mimik und Gesten) und das extraverbale (Erscheinungsbild- seine Bekleidung und Pflege) beeinflusst unsere Reaktion.

Wer also in einer Notwehrsituation Angst verspürt, beginnt, wenn man so will, sich selbst zu schützen. Durch unsere verschärften Sinne nehmen wir unsere Umwelt genauer war. Wer in einem Angstzustand kontrolliert reagiert, wird seine physischen und psychischen Ressourcen geschickt einsetzen, um die Notsituation in den Griff zu bekommen. Anders ist das, wenn wir in Panik geraten. Im panischen Zustand gerät unser Handeln und Denken außer Kontrolle. Wir können, so wie der Volksmund sagt, "keinen klaren Gedanken mehr fassen" - unser Handeln ist irrational. Diese Reaktion wird eher dazu führen, dass wir in einer Notsituation versagen. Da drängt sich dann die Frage auf, wie wir am effektivsten in der Not handeln. Da es keine Normen in der Notwehr geben kann, wird das von der jeweiligen Situation abhängig sein. Allerdings gibt es dazu grundsätzliche Tipps:

1. Wenn möglich, atme tief durch und sondiere die Lage.
2. Wenn möglich, rede beruhigend und relativ leise in einer Streitsituation auf die aggressivste Person ein.
3. Stelle dich niemals zwischen streitende Personen, das könnte unter Umständen unterbewusst als Angriff bewertet werden.
4. In einer übermächtigen Situation ist es ratsam, sich Hilfe zu holen - zum Beispiel mobilisiere umstehende Personen und informiere die Polizei.

Wer in einer Notsituation handelt, beweist Zivilcourage. Wichtig ist hierbei, dass die Situation überschaubar ist, weil man sich sonst nur unnötig in Gefahr begibt. Die Zivilcourage sollte nicht zum Leichtsinn werden, weil es der Person, der man helfen will, dann keine wirkliche Hilfe bringt. Wichtig ist nicht wegzuschauen, wenn ein Mensch sich in Not befindet. Außerdem sollte man sich im Klaren darüber sein, dass man nach dem deutschen § 323 STGB zur Hilfeleistung verpflichtet ist. Nicht jeder Mensch besitzt Zivilcourage, nicht jeder Mensch hat die Fähigkeit, andere zu motivieren, allerdings für einen Telefonanruf müsste es bei jedem Menschen reichen.
Der, der in einer Notsituation weggeschaut und meint, das geht ihn alles gar nichts an, sollte sich vielleicht vor Augen führen, dass auch er selbst einmal in eine ausweglose Not geraten kann. Sicher wäre er dann froh, wenn ein Mensch mit Zi-

vilcourage zumindest die jeweiligen Einsatzkräfte zur Hilfe holt.

Man kann immer in einer kritischen Situation nach seinen Fähigkeiten helfend handeln.

Was sind Aggressionen?

Was sind Aggressionen? In der Auslegung vieler Menschen bedeuten Aggressionen immer etwas "Schlechtes". Tatsächlich lässt sich der Begriff Aggression auf den lateinischen Ausdruck "aggressio" oder "aggredi" zurückführen, der so viel bedeutet wie "heranschreiten, annähern, angreifen", also die Absicht, jemand Anderen zu schaden. Aber sind denn Aggressionen immer nur negativ? Aggression ist Lebensenergie, diese Emotion ist durchaus sogar lebenswichtig für uns. Man unterscheidet deswegen :

Destruktive Aggressionen

(lateinisch - destruere = niederreißen, zerstören) In dieser Form der Aggressionen soll Leid zugefügt werden. Hier geht es nicht um den konstruktiven Einsatz dieser Emotion, zum Beispiel mit "Elan" etwas zu erreichen. Hier sind Werte, wie Menschlichkeit, Liebe und Zuneigung nicht gefragt. Die Gesundheit und das Leben anderer Menschen sind für diese Personen meist ohne Wert und führen beim Ausleben der "destruktiven Aggression" auch durchaus zum Desaster. Die Leistungen anderer sind nach außen hin bedeutungslos, führen aber oft zu Neid und Missgunst. Ebenso soll aggressives Machtverhalten andere Menschen zwingen, sich unterzuordnen.
Man stellt immer wieder fest, dass es sich bei diesen Personen um Menschen handelt, die sich auf natürlichem Weg nicht in die menschliche Gemeinschaft einfügen können. So erzeugen sie sich mit aggressiver Gewalt eine zweifelhafte An-

erkennung, die immer und jederzeit zu kippen droht. Beispiele dafür finden sich immer wieder in der menschlichen Geschichte. Sicher waren nicht alle "Herrscher der Menschheit" von zerstörender Gewalt getrieben, allerdings war die Grausamkeit vieler Cäsaren, Kaiser, Könige und Führer schon sprichwörtlich, wie wir heute wissen. Krankhafter Narzissmus (Selbstliebe) sowie Herrschsucht führte die Menschen vieler Völker in Leid und Armut. Die, die dagegen aufstanden, wurden eben mit dieser destruktiven Aggression gewaltsam niedergehalten.

Die destruktive Aggression kann auch jeden Menschen erreichen, der in irgendwelchen Lebenssituationen, wie zum Beispiel durch Bedrohung oder körperliche und verbale Angriffe, in Hass und Wut gerät. Denn dann ist auch für ihn, wie der Volksmund sagt, "das Maß voll". Auch hier ist nun alles andere unwichtig.
Allerdings sollten wir alle uns darin versuchen, vor unseren Handlungen mehr nachzudenken. Vielleicht ergeben sich ja auch noch bessere Möglichkeiten, Bedrohungen oder Angriffen in unbändiger Wut zu begegnen. Der amerikanische Präsident Roosevelt hat dazu einmal gesagt:

Wer die Hand als Erster zum Schlag erhebt, gibt zu, dass ihm die Ideen ausgegangen sind.
Franklin D. Roosevelt

Konstruktive Aggressionen

(lateinisch- *con* = zusammen und *struere* = bauen)
Diese Form der Aggression ist das genaue Gegenteil. Die Konstruktive Aggression ist für uns die Lebensenergie, die uns hilft, etwas anzupacken und zu erreichen. Sie treibt uns an, unsere Ideen und Wünsche in die Tat umzusetzen. Auch hier können wir in die Geschichte zurückblicken. So führte die "konstruktive Aggression" einiger Politiker zur Wiedervereinigung der Bundesrepublik Deutschland. Bei Ingenieuren und Technikern zur Entwicklung nützlicher technischer Errungenschaften, die uns heute unser Leben erleichtern. In den verschiedensten wissenschaftlichen Bereichen erlangte die Menschheit wichtiges Wissen, zum Beispiel in der Medizin, der Biologie, Chemie und Physik.

Wer in einer Notwehrsituation unter Einhaltung der Verhältnismäßigkeit der Mittel Angriffe gegen sich oder einen anderen Menschen abwehrt, handelt konstruktiv aggressiv. Dazu gehören auch Handgreiflichkeiten, um Attacken des Angreifers abzuwehren. Ohne konstruktive Aggression würde der Verteidiger eher passiv reagieren und sich verprügeln lassen.

Selbsterhaltende Aggressionen

Sie sind angeborene Verhaltensweisen, die sich im Laufe der menschlichen Evolution (Entwicklung - vom lateinischen evolvere - ausrollen, entwickeln, ablaufen) entwickelt haben. Wir brauchen sie zur Selbstverteidigung, Nahrungssuche und –aufnahme, sowie um unsere eigenen Grenzen zu erkennen. In Überlebenssituationen haben Menschen bekanntlich Übermenschliches geleistet, um zu überleben.

Da reisten zwei junge Männer nach Kanada, um den Yukon River mit einem Kanu hinauf zu fahren. Da der kanadische Winter nicht mehr weit war, wurde einer der beiden unsicher und gab auf. Der andere junge Mann reiste weiter auf diesem großen Fluss und geriet in Lebensgefahr, als sein Kanu kenterte. Durch dieses Unglück verlor er seine komplette Ausrüstung. Mutterseelenallein musste er sich nun, in einem Wettlauf mit der Zeit, durch die kanadische Wildnis kämpfen. Da er noch sehr unerfahren in der Wildnis unterwegs war, konnte er sich nur von Wurzeln und Beeren ernähren. Völlig abgemagert und erschöpft wurde er von einem einheimischen Mann gefunden und gerettet. Auch hier kann man von selbsterhaltener Aggression sprechen. Denn er hatte Übermenschliches geleistet, um zu überleben.

Ähnliche Geschichten hört man auch immer wieder nach schweren Unfällen oder anderen gefährlichen Situationen.

Wir brauchen die "selbsterhaltenden Aggressionen" auch, um ein gesundes Selbstbewusstsein sowie Selbstwertgefühl zu erlangen, sie dienen zur Beschaffung von Spaß und Freude und unser Sexualtrieb zählt zur selbsterhaltenden Aggression, weil er für die Selbsterhaltung unserer Art sorgt.

Recht und Gesetz

Nach Artikel 1 des Grundgesetzes der Bundesrepublik Deutschland ist jeder Mensch unantastbar an seiner Würde und in Artikel 2 des Grundgesetzes wird noch einmal verdeutlicht: "Jeder hat das Recht auf Leben und körperliche Unversehrtheit." Das bedeutet allerdings auch für Personen, die in eine Notwehrsituation geraten, dass ihre Verteidigung dem Angriff des Gegners in der Verhältnismäßigkeit der Mittel angepasst sein muss. Ansonsten würden diese gegen den § 32 StGB verstoßen.

Auszug aus dem "Bundesdeutschen Strafgesetzbuch":

Notwehr § 32 STGB

(1) Wer eine Tat begeht, die durch Notwehr geboten ist, handelt nicht rechtswidrig.

(2) Notwehr ist die Verteidigung, die erforderlich ist, um einen gegenwärtigen rechtswidrigen Angriff von sich oder einem anderen abzuwenden.

Deswegen lernen wir auch den Begriff Notwehr zu verstehen:

Die Definition

"Einen gegenwärtigen, rechtswidrigen Angriff, gegen mich und eine dritte Person in der Verhältnismäßigkeit der Mittel abzuwehren! "

Es macht keinen Sinn, diesen Satz nur auswendig zu lernen, er muss verstanden werden. Was bedeutet denn dieser Satz?

1. Gegenwärtig - natürlich kann man nur von Notwehr reden, wenn meine Gegenwehr im Moment des Angriffs kommt.
2. Rechtswidrig - natürlich kann man nur von Notwehr reden, wenn die mich angreifende Person keine rechtliche Handhabe hat. Zum Beispiel exekutive Institutionen - Polizei, Zoll.
3. Gegen mich und einen Dritten – bedeutet, dass ich auch andere Personen schützen darf und sogar muss. Gegebenenfalls würde ich sogar gegen das Gesetz der Hilfeleistungspflicht (§ 323c Strafgesetzbuch) verstoßen.
4. Verhältnismäßigkeit der Mittel - natürlich kann man nur von Notwehr reden, wenn die Wahl meiner Mittel zur Abwehr in einem adäquaten Verhältnis zum Angriff stehen.

Diese vier Punkte sollte sich jeder der Kampfsport, Kampfkunst oder Selbstverteidigung betreibt gut einprägen, weil sie beschreiben, wie nach bundesdeutschem Recht wirkliche Notwehr aussieht. Man sollte sich auch darüber im klaren sein, dass Kampfsportler/-künstler vor dem Gesetz als Experten in Sachen Selbstverteidigung gelten, von denen man verlangt, angemessen auf eine Selbstschutzsituation zu reagieren. Allzu leicht kann man doch für Körperverletzung bestraft werden. Hier unterscheidet der Gesetzgeber.

Auszüge aus dem "Bundesdeutschen Strafgesetz-buch":

Körperverletzung § 223 StGB
(1) Wer eine andere Person körperlich misshan-delt oder an der Gesundheit schädigt, wird mit Freiheitsstrafe bis zu fünf Jahren oder mit Gelds-trafe bestraft.
(2) Der Versuch ist strafbar.

Gefährliche Körperverletzung § 224 StGB
(1) Wer die Körperverletzung
    (1)   durch Beibringen von Gift oder anderen gesundheitsschädlichen Stoffen
    (2)   mittels einer Waffe oder eines anderen gefährlichen Werkzeugs
    (3)   mittels eines hinterlistigen Überfalls
    (4)   mit einem anderen Beteiligten gemein-schaftlich oder
    (5)   mittels einer das Leben gefährdenden Behandlung
begeht, wird mit Freiheitsstrafe von sechs Mo-naten bis zu zehn Jahren, in minder schweren Fällen mit Freiheitsstrafe von drei Monaten bis zu fünf Jahren bestraft.
(2) Der Versuch ist strafbar.

Schwere Körperverletzung § 226 StGB
    (1)   Hat die Körperverletzung zur Folge, dass die verletzte Person das Sehver-mögen auf einem Auge oder beiden Au-gen, das Gehör, das Sprechvermögen oder die Fortpflanzungsfähigkeit ver-liert. Ein wichtiges Glied des Körpers verliert oder dauernd nicht mehr ge-

brauchen kann oder in erheblicher Weise dauernd entstellt wird oder Siechtum, Lähmung oder geistige Krankheit oder Behinderung verfällt, so ist die Strafe Freiheitsstrafe von einem Jahr bis zu zehn Jahren.

(2) Verursacht der Täter eine der in Absatz 1 bezeichneten Folgen absichtlich oder wissentlich, so ist die Strafe Freiheitsstrafe nicht unter drei Jahren.

(3) In minder schweren Fällen des Absatzes 1 ist auf Freiheitsstrafe von sechs Monaten bis zu fünf Jahren, in minder schweren Fällen des Absatzes 2 auf Freiheitsstrafe von einem Jahr bis zu zehn Jahren zu erkennen.

Körperverletzung mit Todesfolge § 227 StGB

(1) Verursacht der Täter durch die Körperverletzung (§§ 223 bis 226) den Tod der verletzten Person, so ist die Strafe Freiheitsstrafe nicht unter drei Jahren.

(2) In minder schweren Fällen ist auf Freiheitsstrafe von einem Jahr bis zu zehn Jahren zu erkennen.

Fahrlässige Körperverletzung § 229 StGB

Wer durch Fahrlässigkeit die Körperverletzung einer anderen Person verursacht, wird mit Freiheitsstrafe bis zu drei Jahren oder mit Geldstrafe bestraft.

37

Man sollte sich deshalb den Einsatz von Gewalt vorher überlegen.

Ich bin von meinen Schülern oft gefragt worden, was denn wäre, wenn in einer Notwehrsituation jemand zu Tode kommt. Grundsätzlich muss man hier unterscheiden:

1. In Notwehr - wenn ich gar keine andere Chance habe mich zu wehren.
2. Unfall - wenn durch eine Handlung von mir, die nicht fahrlässig oder gewollt ist, ein anderer zu Tode kommt
3. Körperverletzung mit Todesfolge - siehe § 227 StGB

Totschlag § 212 StGB –
(1) Wer einen Menschen tötet, ohne Mörder zu sein, wird als Totschläger mit Freiheitsstrafe nicht unter fünf Jahren bestraft.
(2)In besonders schweren Fällen ist auf lebenslange Freiheitsstrafe zu erkennen.

Totschlag minderschwerer Fall § 213 StGB
War der Totschläger ohne eigene Schuld durch eine ihm oder einem Angehörigen zugefügte Mißhandlung oder schwere Beleidigung von dem getöteten Menschen zum Zorn gereizt und hierdurch auf der Stelle zur Tat hingerissen worden oder liegt sonst ein minder schwerer Fall vor, so ist die Strafe Freiheitsstrafe von einem Jahr bis zu zehn Jahren.

Mord § 211 STGB-
(1) Der Mörder wird mit lebenslanger Freiheitsstrafe bestraft.
(2) Mörder ist, wer aus Mordlust, zur Befriedi-
gung des Geschlechtstriebs, aus Habgier oder
sonst aus niedrigen Beweggründen,
heimtückisch oder grausam oder mit gemeinge-
fährlichen Mitteln oder
um eine andere Straftat zu ermöglichen oder zu
verdecken, einen Menschen tötet.
„Auszüge aus dem deutschen Strafgesetzbuch"

Zweifelsfrei ist es auch so, dass man nicht bestraft wird, wenn man sich versehentlich oder
vorsorglich verteidigt, wenn man die "Verhältnismäßigkeit der Mittel " einhält.

Zum Beispiel

Versehentliche Selbstverteidigung

Eine Person kommt mit erhobenen Fäusten und
aggressiver Mimik auf mich zu. Ich muss unbedingt davon ausgehen, dass er mich meint und
wehre dann mit einem Fauststoß ab. Später muss
ich dann feststellen, dass diese Person nicht mich
gemeint hat, sondern einen weiteren Beteiligten
schräg hinter mir.

Vorsorgliche Selbstverteidigung

Eine Person steht vor mir mit erhobenen Fäusten
und brüllt mich an: "Ich schlage dich tot!" Auch

hier reagiere ich etwas schneller mit einem Fauststoß.

In beiden Beispielen werde ich sicher nicht be-straft.

Auch wenn ich aus Schrecken oder Furcht gehan-delt habe, gehe ich straffrei aus.
Allerdings aus welcher Sichtweise man eine Not-situation auch betrachtet - der beste Kampf ist der, den ich nie gekämpft habe - auch wenn Emotionen wie Wut und Angst sowie auch bei ei-nigen Menschen mangelndes Selbstbewusstsein in so einer Situation eine große Rolle spielen.
Ich kann meiner Hilfeleistungspflicht auch nach-kommen, indem ich zum Beispiel umstehende Personen versuche zu mobilisieren und - oder die Polizei rufe.

Einfache Techniken der Selbstverteidigung

Grundstellungen Kempo Karate

Um im Nahkampf einen guten und sicheren Stand zu haben, üben wir verschiedene Grundstellungen.

Allgemeine Kempo Grundstellung

Beide Füße stehen parallel zueinander. Die Kniegelenke sind leicht angewinkelt. Beide Hände werden zur Deeskalation mit den Innenhandflächen nach außen aufgestellt.
In dieser Grundstellung bietet man dem Angreifer weniger Angriffsfläche. Mit den angewinkelten Knien bin ich leichter dazu in der Lage, blitzschnell zuzutreten und meinen Unterleib zu schützen.

Die Fuß- und Beinhaltung

Die Beine stehen circa schulterbreit auseinander. Die Knie sind leicht gebeugt. Die Füße stehen in gleicher Höhe nach rechts.

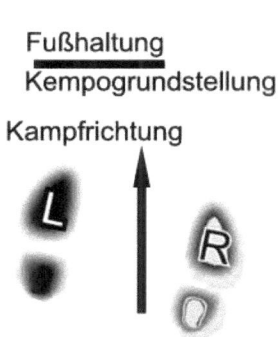

Fußhaltung
Kempogrundstellung

Kampfrichtung

Kempokatzenstellung (Kempo-catstance)

im Gegensatz zu manchen Kung Fu-Stilen eine Grundstellung, die bei uns im Kempo hochgestanden wird. Beide Beine sind angewinkelt und der vordere Fuß hält die Ferse hoch. Dadurch ist dieses Bein im Notfall leicht für einen Kick einsatzbereit. Das hintere Bein verschafft einen festen Stand. Durch Gewichtsverlagerung könnte bei einem Angriff von hinten auch schnell ein Hacken – Hakentritt nach oben (Age Kakatogeri) eingesetzt werden.

Die Fuß- und Beinhaltung

Fußhaltung
Katzenstellung/ Catstance

Der linke Fuß steht mit seinen vorderen Ballen und Zehen auf und ist nur leicht belastet. Der rechte Fuß steht fest auf dem Boden und übernimmt das meiste Gewicht.
So kann das Körpergewicht optimal verlagert werden.

Kampfrichtung

42

Grundstellungen im Kempo-Aikijitsu
Zenkutsudachi

Das hintere Bein ist durchgestreckt, das vordere Bein ist eingeknickt. Der Oberkörper wird auf dem Becken ausgerichtet, so- dass man die Kraft des Standes aus der Mitte des Körpers ziehen kann.

Die Wendung und das Vorgehen nach Zahlensystem erklärt.

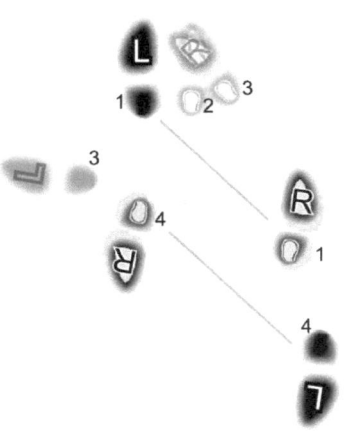

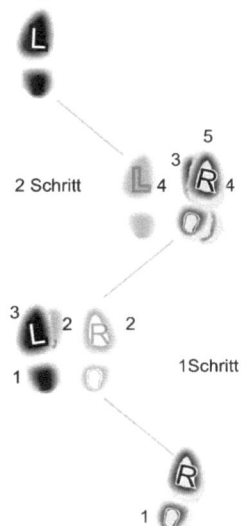

Kibadachi
Die Reiterstellung

Beide Beine stehen parallel zueinander und der Oberkörper ist auch mit seinen Schultern auf dem Becken gerade ausgerichtet. Auch hier zieht der Ausübende die Kraft aus der Mitte seines Körpers.

Auch hier ist nach einem Zahlensystem die Wendung und das Vorgehen erklärt.

Der Stand

Vorgehen und Wendung

System zum Selbstschutz/ das N.K.Kempo

Kokutsudachi
die L. förmige Grundstellung

Hier steht der hintere Fuß quer zur Laufrichtung und der vorderen Fuß in Lauf- richtung. Der ausgerichtete gerade Oberkörper ist leicht nach vorn einge- dreht. Beide Beine sind ein- geknickt.

Vorgehen   nach Zahlen und   Wendung

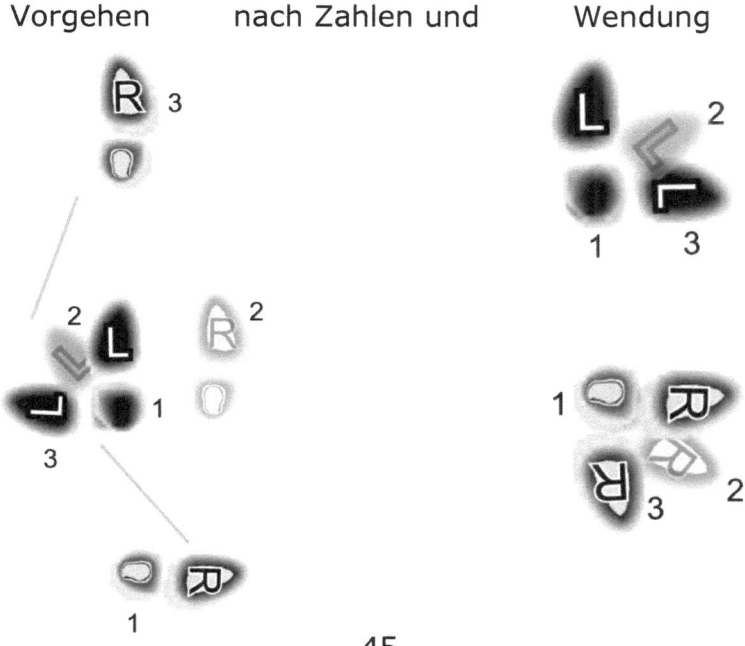

45

Runde Kempotechniken (Grundschule)

Diese sind die Grundschule des Nihon Kai Kempo. Sie sollen den Körper an die runden Bewegungen gewöhnen.

Technik 1

Aus der Kempogrund-
stellung beide Fäuste nach
oben zum Schutz...

...dann schnellt, wenn
der rechte Fuß nach
vorn geht, die linke
Faust heraus...

... jetzt folgt der linke Fuß nach vorne und die rechte Faust. Zum Schutz folgt die linke Hand mit der Handfläche nach außen an die rechte Wange.

Beendet wird das ganze mit einem Lowkick.

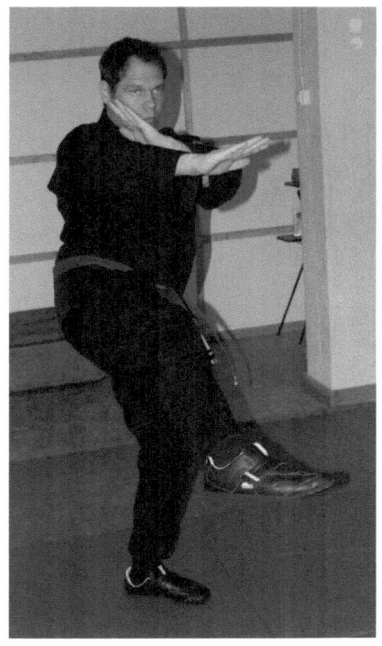

Technik 2

In der Kempogrundstellung werden die Hände zur De-eskalation aufgestellt,...

...die rechte Hand fegt den imaginären Fauststoß weg und die linke Hand ist unter dem rechten Arm bereit...

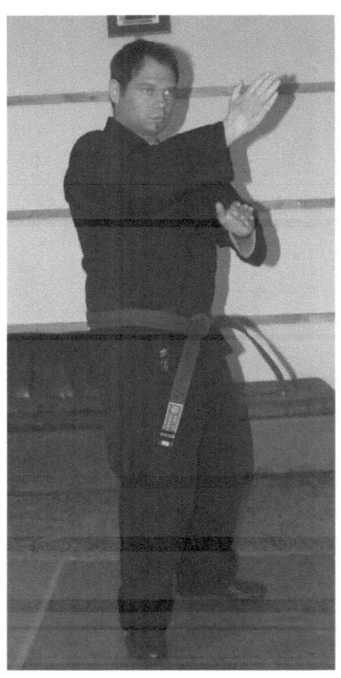

... um dann hinter dem linken Arm als Sicherung
nach oben zu schnellen...

...dann ballt sich die rechte
Hand zur Faust und trifft das
Kinn des imaginären Geg-
ners.

Technik 3

Aus der Deeskalationsstellung heraus...

... schießt der Speerhandblock mit einer kurzen Schlagbewegung von links nach rechts nach vorn...

... die rechte Hand übernimmt nun den Arm des

Gegners, die linke Hand geht mit der ihnen Handfläche nach außen zur rechten Wange...

... dann wird die rechte Hand zu einem Handflächenstoß ausgerichtet und die linke Hand kontrolliert den imaginären Arm des Angreifers...

... der Handflächenstoß wird ausgeführt und die linke Hand schnellt mit der Innenhandfläche nach außen zum Schutz unter die Achsel.

Technik 4

Aus einer Grundstellung heraus bewegt sich das linke Bein mit einem Stampftritt nach links innen in die Beine des Angreifers. Hierbei trifft die Fußaußenkante im Bereich des Unterschenkels.

Jetzt schnellt der Spann mit einem Kingeri nach vorn und soll den Genitalbereich des Gegners treffen...

... ein weiterer Stampftritt trifft nun den linken Innenschenkel des Angreifers...

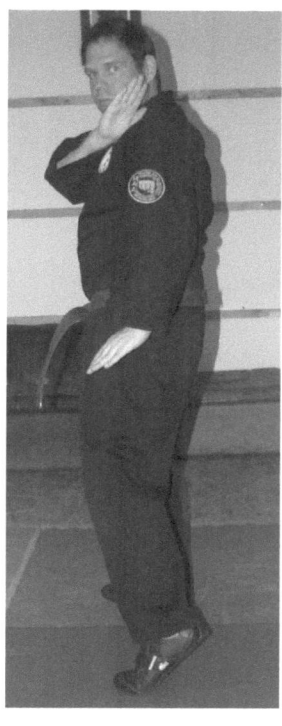

... mit einem Blick zum Gegner dreht man sich nun nach
links ein und setzt zum
Hackentritt nach oben ebenfalls den Genitalbereich an...

... ,der dann auch ausge-
führt wird.
Diese Kombination wird im
Wechsel mit der rechten
und der linken Seite trainiert. Dies soll nur ein Training für die jeweiligen Kicks
sein und wird nicht als
Kombination in der Selbstverteidigung gezeigt.

Technik 5

Aus einem Angriff heraus...

... schnellen beide Arme
mit der linken Hand nach
oben und offenen Händen
in das Gesicht des Gegners
...

...beide Hände werden nun nach unten gezogen, wobei die Finger das Gesicht des Gegners attackieren...

...mit einem Ellbogenschlag wird die Attacke beendet.

Technik 6

Mit einer Drehung nach links (sodass die rechte Schulter nach vorn steht) geht der rechte Arm unter den Fauststoß des Angreifers...

...die linke Handkante schützt vor dem Durchschlagen an den Kopf des Verteidigers...

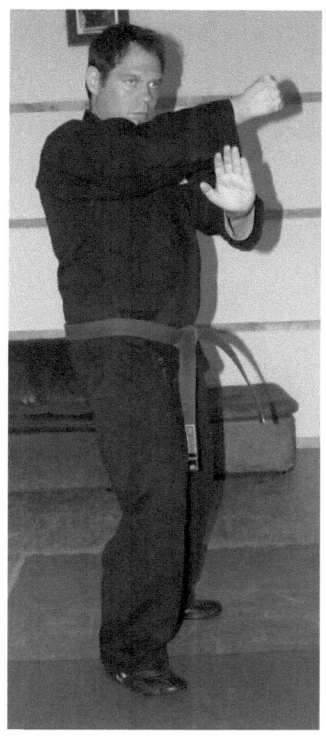

... nun ist die rechte Faust zur Attacke an den Kopf des Gegners bereit...

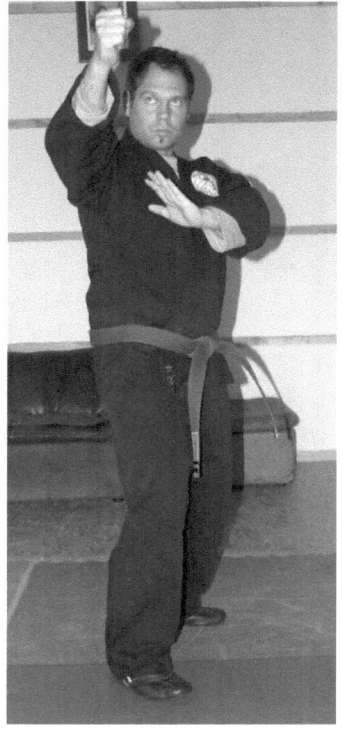

...und schnellt heraus.

Technik 7

Beginnend mit einem
Kreuzblock...

... wird sich von zwei an-
grei- fenden Armen befreit.

Die rechte Hand ballt sich zur Hammerfaust und wird...

... ,wie hier etwas drastisch dargestellt, das Kinn des Gegners treffen, wobei die Handfläche im Bereich des Jochbeins trifft.

Nach dem Auftreffen von Faust und Handfläche überkreuzen sich beide Arme, um als Tigerkrallen...

... durch das Gesicht des Angreifers zu ziehen.

Technik 8

Die rechte Hand wehrt die linke Faust des Gegners ab...

...die linke Hand übernimmt
die rechte Faust des Gegners
und führt sie am Körper vorbei...

... ,um dann in einer Drehbewegung als Handrücken-
schlag...

... sein Nasenbein zu attackieren

Technik 9

Ähnlich, wie wenn man ein Messer in der Hand hält, blockt die linke Faust...

... einen ankommenden Schwinger von links...

... mit einer Drehung des Handgelenks wehrt man einen zweiten Schwinger von rechts ab. Zeitgleich setzt man einen Hand- flächenstoß zum Gesicht des Geg- ners durch.

Das Finale entsteht durch einen Vorwärts-Fußstoß, während man seine beiden Hände mit den Innenflä- chen nach vorn zum Schutz vorhält.

Technik 10

Hier wird ein Griff des
Gegners auf die
Schulter...

... mit beiden Handflächen
auf dem Oberarm und dem
Unterarm blockiert...

...jetzt zieht die rechte Hand den angreifenden Arm seiner Beuge nach rechts zur Seite...

... ,um mit einem Hand-kantenschlag zu kontern.

Die rechte Hammerfaust
trifft mit einem Schritt
nach links das Joch-
bein...

...die linke Hand
schützt wieder mit der
Hand- fläche nach au-
ßen meine rechte Ge-
sichtshälfte.

Einsatz von Hand, Faust und Finger
Senkrechte Faust (Tate Zuki)

Im Kempo bevorzugen wir den Schlag der senkrechten Faust. Die Wahrscheinlichkeit,dass bei dieser Handhaltung das Handge- lenk umknickt, ist hier weitaus geringer. Auf das Anlegen des Daumens ist zu achten.

Der Drachenkopf (Dragonhead)

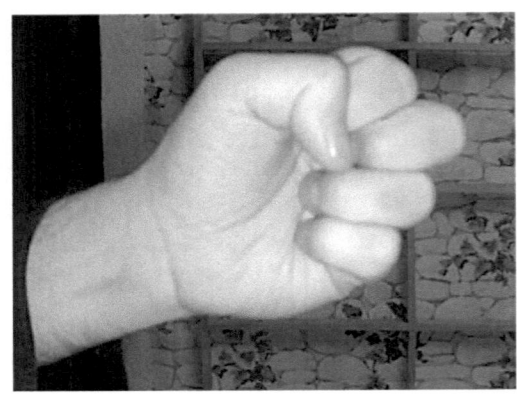

Ist wie die nachfolgende Phönixfaust eine Möglichkeit viel Kraft auf einen kleinen Punkt zu bringen.

Die Phönixfaust

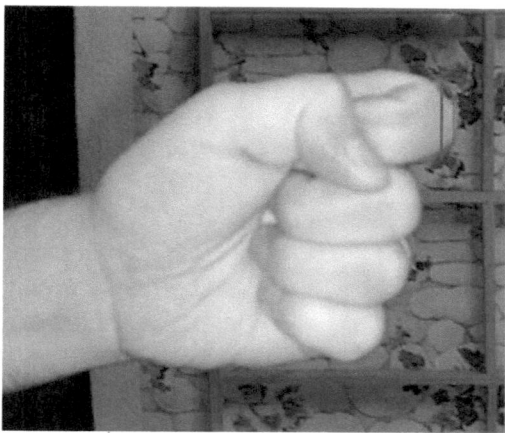

Sie ist ähnlich wie der Drachenkopf dazu da, viel Kraft auf einen kleinen Punkt zu bringen. Auch hier wird der vorstehende Finger von den anderen gestützt.

Die Schlangenhände

Hiermit treffe ich den Gegner mit meinen Fingerspitzen (Nukite Waza)

Kämpfen mit offener Hand (open Hand Fight)

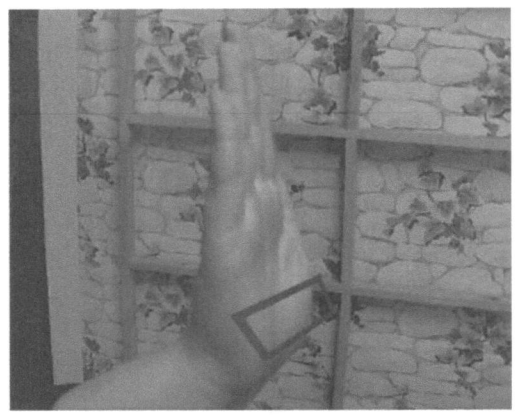

Hier treffe ich vordergründig mit den Handflächen. Speziell, wenn ich den Gegner im Bereich des Mundes treffen will. Im Gegensatz zu einem Fauststoß werde ich mir hier nicht so schnell die Haut aufreißen. Im Zeitalter von Hepatitis und Aids ist das nicht unwichtig.

Das zweite Foto zeigt die "offene Hand" mit nach vorn aufgestellten Fingern, um zum Beispiel weitere Gesichtpartien zu erreichen.

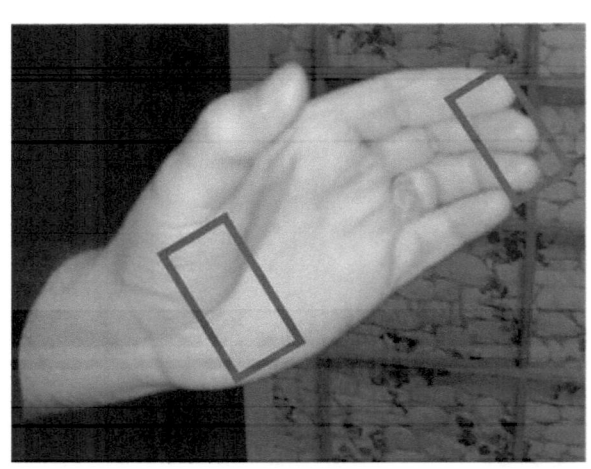

Die Tigerkralle/Hand

Hiermit arbeite ich fegend wie eine Katze. Die

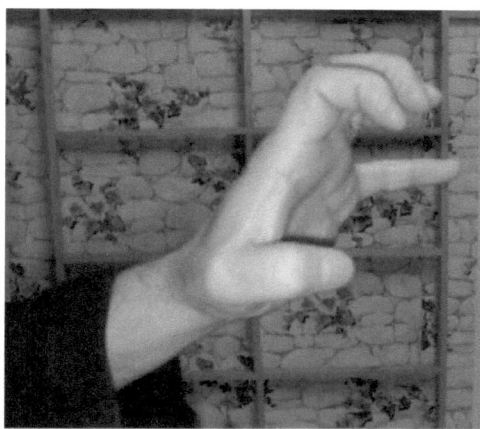

Fingerspitzen treffen dabei ihr Ziel. Mit gerade aufgestellten Fingern kann man die Tigerhand auch zur Abwehr eines Fauststoßes einsetzen.

Die Drachenhand

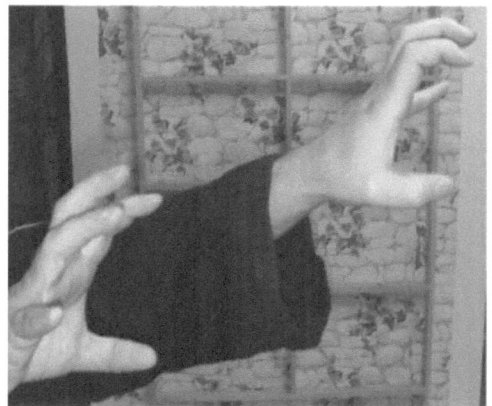

Diese Handhaltung nutze ich zum Beispiel, um mehrere Partien im Kopf- und Halsbereich mit angespannten Fingerspitzen zu treffen.

Schlangenhandflächenstoß

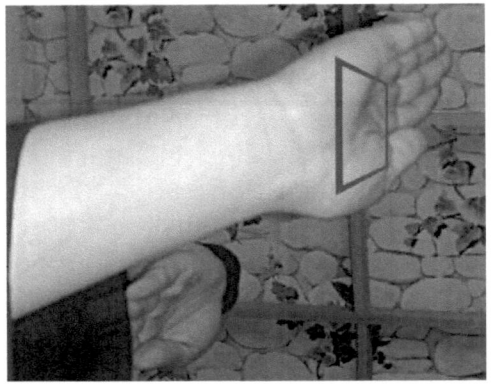

Mit dem Schlang-enhand-flächenstoß treffe ich ebenfalls nur mit den Hand- flächen auf.

Die Leopardenfaust

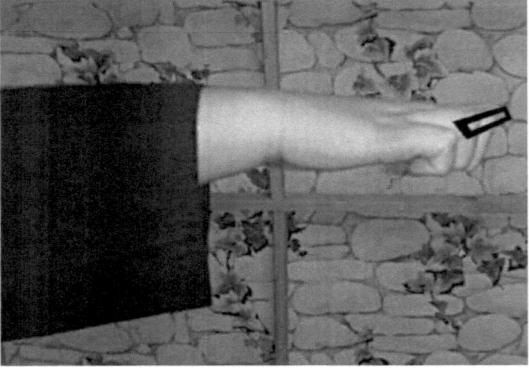

In dieser Hand- haltung wird der Gegner mit den vorderen Fingerknöcheln getroffen. Diese Technik lässt sich zum Beispiel im Bereich des Kopfes und des Halses einsetzen.

Shuto, die Außenhandkante

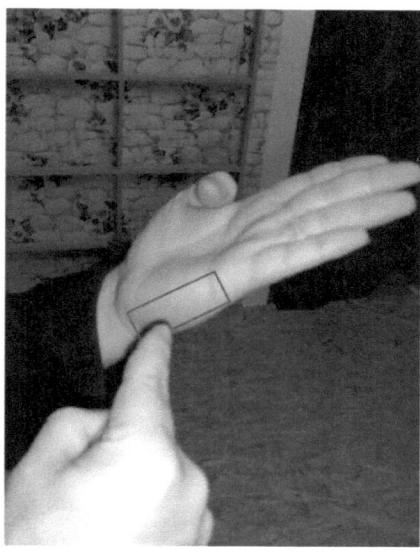

Der berühmte Schlag mit der Außenhandkante wird auch bei uns im Kempo eingesetzt...

...genau wie Haito, die Innenhandkante.

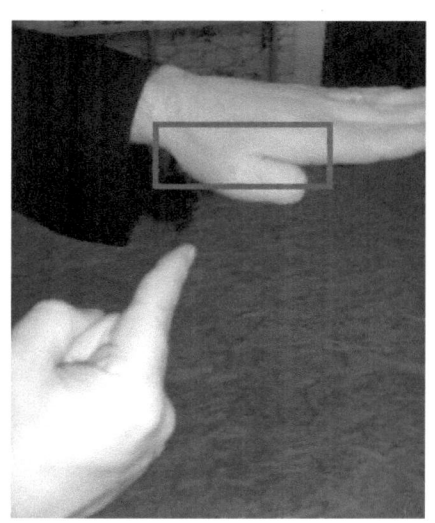

Ziel ist es hier, viel Kraftwirkung auf einen Punkt zu bringen.

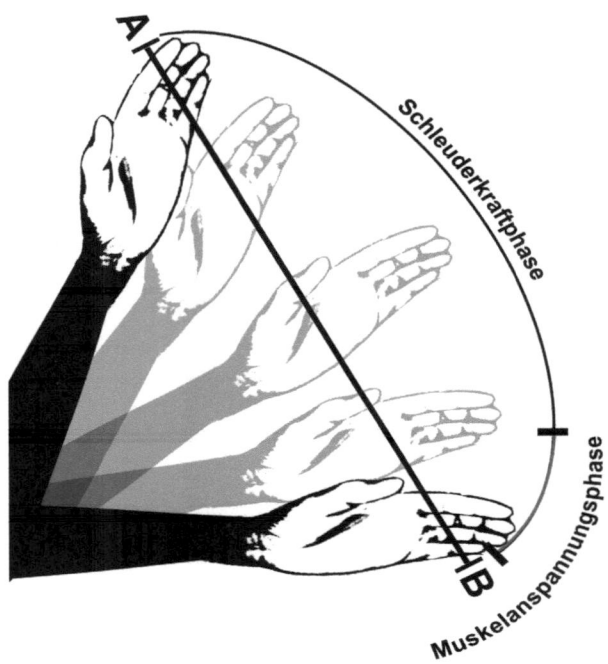

Die Techniken werden sehr schnell ausgeführt. Erreichen kann man das, indem man vom Ausgangspunkt **A** bis zum Treffpunkt **B** wenig Kraft für eine Abwehr oder einen Schlag in den Arm bringt. Erst beim Auftreffen des Schlages wird der Arm beziehungsweise die Faust oder Hand angespannt.

Abwehrblöcke/ Vorübungen

Runde Abwehrblöcke nach oben, unten und jeweils von innen und außen, sowie Abwehrblöcke zur Seite. Auch die Abwehr wird, wie der Schlag, bis vor dem Auftreffen ohne Kraft durchgeführt.

Shuto Age Uke (Handkantenblock nach oben)

Hier wird aus der inneren Seite des jeweils anderen Armes der Block nach oben geführt...

...der abwehrende Arm ist leicht zum Kopf hin aufgestellt.

Shuto Soto Uke (Handkantenblock von außen)

Hier wird der abwehrende Arm in einer runden Bewegung...

...nach innen geführt. Der Daumen liegt dabei an.

Haito Uchi Uke (Innenhandkanten-Abwehr nach außen)

Hier wird der abwehrende Arm, außen vor dem anderen Arm, mit einer Drehbewegung...

... von innen nach außen bewegt. Auch hier Daumen anlegen.

Shuto Gedan Barai (Außenhandkantenfeger- Abwehr nach unten)

Hier wird der abwehrende Arm mit einer Drehbewegung aus Höhe des Ohrs...

... nach unten zur Abwehr geführt. Der Block endet knapp neben dem Bein.

Aus diesen Übungen resultieren Abwehrbewegungen wie die Nachfolgenden. Der Übende trainiert mit seinen Armen und Händen in runden Bewegungen zu arbeiten.

Abwehrbewegungen und Blöcke

Arretierter Faustblock nach links und ...

...nach rechts

Dieser Abwehrblock heißt auch Messer-Handblock, weil er auch wie eine Hand gehalten wird, die ein Messer führt. Die Faust geht nicht weiter als bis zum Schulterende.

Ellenbogen/ Achselblock

Man streift mit der linken Hand am Kopf vorbei...

...bis der Ellenbogen den Kopf und das Gesicht schützt. Die rechte Hand geht mit der Innenhandfläche nach außen, um die Achsel zu schützen.

Fegeabwehr mit anschließendem Kontrollblock

Hier würde ein Fauststoß mit der rechten Hand weggefegt...

... die linke Hand geht als Kontrolle unter der Fegehand durch und steht dann sicher nach oben und mit den Fingern nach hinten gebogen.

Schwerthandblock

Hier werden Arm und Hand zur Abwehr wie ein Schwert geführt...

...durch die plötzliche Muskelanspannung wirkt dieser Block sehr hart.

Speerhandblock

Hier schießt der ab-
wehrende Arm wie
ein Speer nach vorn
und...

... blockt einen
Fauststoß von au-
ßen. Mit der linken
Hand schütze man
seine Achseldrüsen.

Einfacher Faustblock

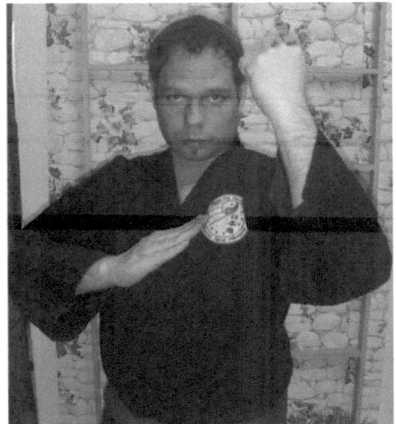

Die Faust wird seitlich nach unten...

...auf den angreifen-den Arm geschlagen. Dabei wird beim Auf-treffen die Muskulatur im Arm angespannt.

Kicks/Tritte

Mae Geri/ Vorwärtsfußstoß

Das Bein wird mit einem geknicktem Knie angehoben und die Zehen nach oben angespannt. Die Hände werden zum Schutz vorgehalten.

Dann schnellt das Bein mit Einsatz der Hüfte nach vorn, wobei hier die Fußballen auftreffen.

Yokogeri/ Seitwärtsfußstoß

Das Kampfbein wird angehoben und in Trittrichtung ausgerichtet; das Standbein...

... zeigt mit der Fußspitze in die entgegengesetzte Richtung.

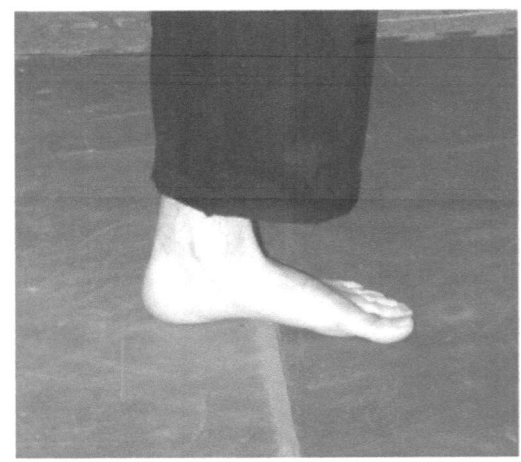

Im Kempo treten
wir höchstens zur
mittleren Höhe...

...getroffen wird mit der Fußaußenkante.

Mawashigeri/Halbkreisfußstoß

Aus der Grundstellung heraus tritt man...

...im Halbkreis mit Kraft zum Körper...

... wobei entweder der Spann oder, wie beim Vorwärts-Fußstoß, die Fussballen auftreffen.

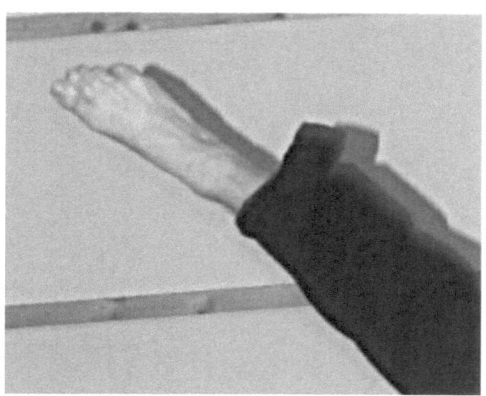

Lowkick/ Tritt in die Knie

Dieser Tritt ist durch das Kickboxing und den Sport Karate be-kannt.

Hier trifft er aber nicht den Oberschenkel, sondern das Kniegelenk.

Kakatogeri/Beinschwung

Wieder aus einer Grundstellung heraus...

...startet man den Bein- schwung.
Getroffen wird hier mit der Hacke.

Ushirogeri/Rückwärts-tritt

Umschauen nach hin-ten...

... und ge-
zielt...

... gerade nach
hinten durch-
treten. Getroffen
wird hier mit dem
Fußballen, der
Ferse und der
Fußsohle.

Kempokicks

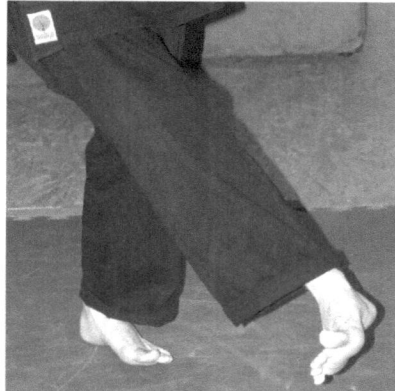

Die gebräuchlichsten
Kicks im Kempo sind
folgende.
Stampftritt nach
links...

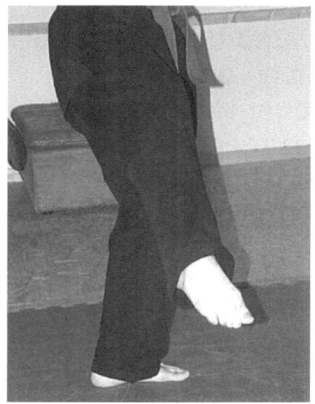

... Schnappkick nach vorn
...

...Stampftritt nach rechts...

... und der Hackenkick nach vorn. Diese Übungskombination wird auch in den Systemstandards beschrieben.

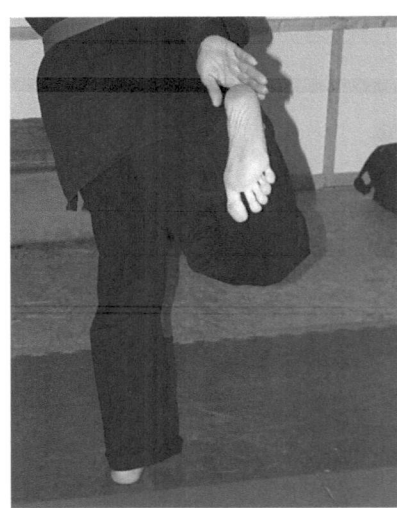

Einfache Abwehrtechniken

Fauststoßabwehr
Abwehr eines Fauststoßes von außen mit Zugreifen
Der Angreifer attackiert mit einem rechten Faust-

stoß. Ich weiche mit dem Oberkörper nach links aus und schiebe den rechten Arm als Sperrhandblock, unterstützt von der linken Hand, nach vorn.
Meine rechte Hand ergreift den mich attackierenden Arm des Angreifers, gleichzeitig bereitet sich

meine linke Hand auf eine Attacke vor. Meine linke Hand führt einen Handflächenstoß in Richtung Jochbein und Auge des Angreifers durch.

Gleichzeitig zieht die rechte Hand den Angreifer zusätzlich in den Handflächenstoß.

Abwehr von zwei hintereinander folgenden Faust-
schwingern
Der Angreifer attackiert mit einem Faustschwin-
ger von rechts und ich blockiere den Angriff mit
meinem rechten Arm, während ich meine linke
Hand mit der Handflächeninnenseite zum Schutz

an die rechte Wange lege.
Nun greift der Gegner mit einem Kopfhaken, links
an und wieder blockiere ich mit meinem rechten
Arm die Attacke.
Aus der Abwehr heraus...

...kontere ich mit einer sogenannten Hammer-faust.

Abwehr eines Fauststoßes von innen

Der Gegner greift mit einem geraden Fauststoß Richtung Kopf an. Mit meiner rechten Faust weh-re ich diesen ab und halte meine linke Hand zum Schutz an meine rechte Wange...

... als der Angreifer mich noch einmal mit einem geraden Fauststoß attackieren will, blockiere ich diesen Angriff ebenfalls mit meiner Faust. Dabei drehe ich meinen Oberkörper mit ein und meine linke Handinnenfläche trifft seine Nase.

Nun schnellt meine Faust aus der Abwehr heraus als Hammerfaust zum Unterkiefer des Gegners. Die linke Hand bleibt in Schutzposition.
Aus der Drehung heraus hole ich noch einmal aus und...

... treffe mit meiner Hammerfaust seinen Solar-
plexus.

Abwehr Handflächen-
stoß/Schulter

Nach dem Auftreffen der Hand des Gegners...

...wird der Arm von mir mit der linken Hand am Unterarm und mit meiner rechten Hand am Ober-

arm blockiert, mit einem Schritt nach vorn trifft meine linke Außenhandkante den Hals meines Gegners...

103

... dann setze ich mit einer Hammerfaust einen Schlag nach, dabei mache ich mit dem linken Bein einen Ausfallschritt nach links...

...zum Abschluss setze ich noch einen Hackenkick in den Genitalbereich nach.

Fußstoßabwehr

Abwehr eines Fußstoß (Maegeri) innen
Der Angreifer attackiert mich mit einem Vorwärtsfußstoß (Mae Geri) und...

... ich drehe mich ein, wobei ich den Kick mit der
Außenhandfläche an mir vorbeileite.

Nun schlage ich mit der Hammerfaust in den Genitalbereich, um...

... dann den fallenden Angreifer in meinen Ellenbogenschlag stürzen zu lassen.

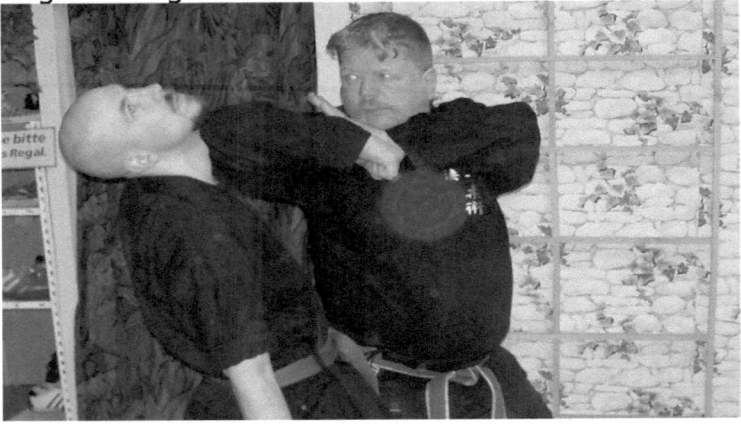

Abwehr eines Mawashigeri innen

Ich blockiere mit ei-
ner Rückwärtsbe-
wegung und mei-
nem rechten Unter-
arm in seiner Leiste
diesen Angriff. Ich
fixiere sein Bein am
Unterschenkel...

... und hebel sein
Standbein aus...

...nun vor mir liegend
lasse ich mein Knie
zwischen seine Beine
fallen...

... und treffe seinen Solaplexus mit den vorderen Fußballen...

... mit einem Kick ins Gesicht beende ich die Abwehr.

Befreiungsgriffe/Hebel

Handgelenkbefreiung

Der Gegner hält mit seiner linken Hand mein rechtes Hand-gelenk...

...mit einem Schritt nach vorn verschaf- fe ich mir einen feste-ren Stand und hebe gleichzeitig meinen Arm di-rekt vor der Brust nach oben...

...mit meiner linken Hand greife ich nun unter seinen Arm und fasse seinen Daumen...

...dann verdrehe ich die Hand mit dem kleinen Finger nach oben. Ich lasse meinen Daumen zwischen seine Fingerreihen reinrutschen...

...und über-
strecke diese
in seine Rich-
tung. Dabei
achte ich dar-
auf, dass ich
diesen Hebel
so nah wie
möglich an
meinem Kör-
per ausübe,
weil ich dann
mit meinem
Körperge-
wicht arbei-

ten kann.

Mit einem Aus-
fallschritt nach
rechts bringe ich
den Gegner zu
Boden und kann
ihn dort fixieren.

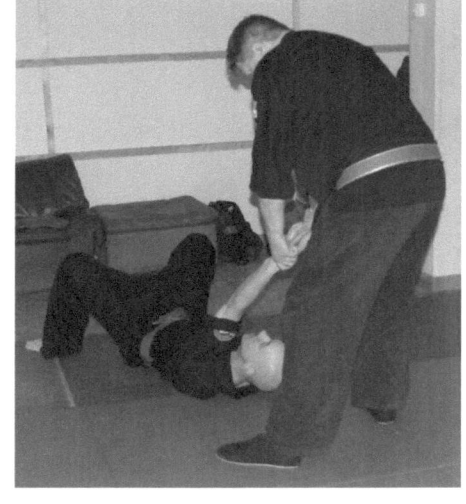

Befreiung Handgelenkfassen 2

Der Angreifer erfasst mit seiner rechten Hand mein rechtes Handgelenk...

...ich fixie-
re mit mei-
ner linken
Hand seine
Rechte
und...

...hebe meine rechte Hand vor meinem Körper nach oben, verkante sein Handgelenk...

... nun drehe ich mein rechtes Handgelenk in Richtung seines Armes und übe Druck auf seinen Unterarm aus.

Befreiung Schulterfassen

Der Gegner greift nach meiner Schulter...

...ich kontrolliere mit meiner rechten Hand den angreifenden linken Arm und greife mit einer offenen Hand sein Kinn an...

... jetzt greife ich mit einem Ellenbogenschlag von außen sein Ellenbogengelenk an...

... ich drehe meinen Unterarm unter seinem Oberarm durch und hebel seinen Oberarm nach hinten...

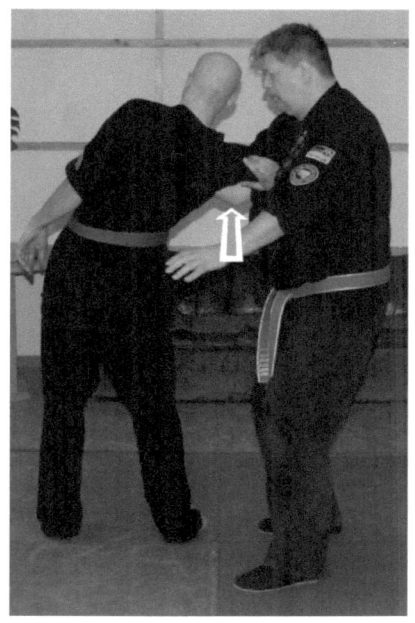

... mit der linken Hand umgreife ich seinen Kopf und hebel zusätzlich sein Kinn nach hinten...

...mit einem Kniestoß in den Rücken beende ich den Kampf.

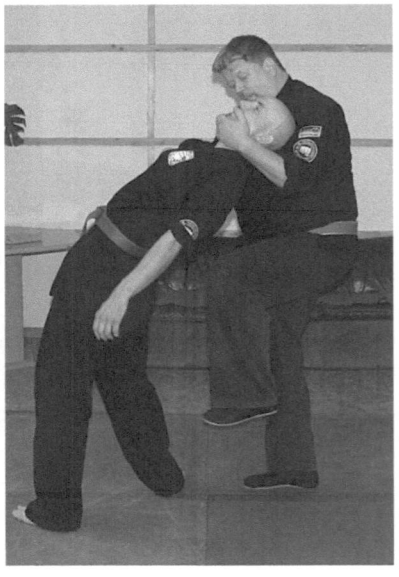

Mit der Speerhand zum Hebel

Der Angreifer at-
tack- iert mich
mit einem gera-
den rechten
Fa9ststoß...

...mit meinem
rechten Arm
blocke ich mit
einem Speer-
handblock...

... ich ergreife sei-
nen Arm und ziehe
ihn nach unten.
Zeitgleich bewege
ich meine linke Sei-
te nach vorne und
setze so meinen Fuß
bis in seine Körper-
mitte...

...der Kampf endet
mit einem Hacken-
kick.

Sicher fallen

Vorwärtsfall

Bei einem Fall nach vorn hält man auch automatisch seine Hände schützend nach vorn...

... den Auf-prall federt man mit den Unterarmen ab.

Vorwärtsrolle

Bei der Rolle nach
vorn den ein- gebeug-
ten Arm im Vorhalt...

...um dann über die
Schulter...

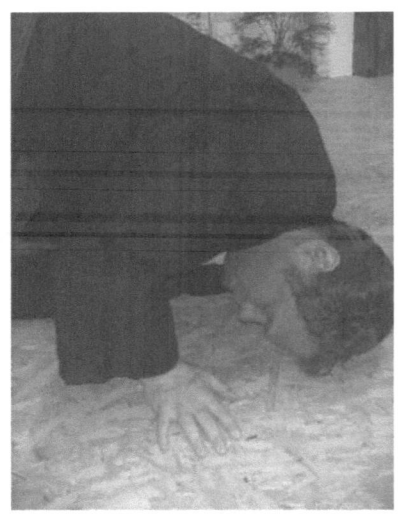

... abzurol-
len.

Seitwärtsfall

Für den Fall zur Seite das Bein, welches in der Fall-richtung ist, nach vorn über Kreuz zum anderen Bein...

... mit dem Arm federt man den Fall ab.

Rückwärtsfall

Im Rückwärtsfall die
Arme nach vorne...

...um beim Aufprall
den Fall mit beiden
Armen am Körper
abzufedern.

Wichtige japanische Begriffe

Man sollte sich auch gleich die Sprechweise der Japaner angewöhnen. So wird ein „J" nicht wie bei dem Namen „Johannes" ausgesprochen, sondern wie im englischen „Joe". Das „Z" wird nicht wie bei dem Wort „Zahlen" gesprochen, sondern wie „Susi".
Vokale werden im japanischen nicht großartig betont. So wird ein „Katana" nicht als „Kaattaanaa" betont. Die Vokale werden nur länger gezogen, wenn im jeweiligen Wort zwei Vokale nebeneinander stehen wie „aa", „ii" oder „oo".

Dachi-Waza	Grundstellungen und Stände
Kiba-Dachi	schulterbreiter Stand, Füße gerade nach vorn gerichtet
Heisoku-Dachi	Grundstellung, Füße zusammen
Kokutsu-Dachi	L-förmige Rückwärtsstellung
Kosa-Dachi	Stand mit gekreuzten Beinen (Wendeposition)
Neko-Ashi-Dachi	Katzen-Stellung
Sanchin-Dachi	Kraftstellung, schulterbreit, vorderer Fuß eine Fußlänge vor dem anderen. Auch Kempogrundstellung genannt.
Shiko-Dachi	Sitzstellung
Zenkutsu-Dachi	Vorwärtsstellung- Beine schulterbreit auseinander, vorderes Bein gebeugt.

Uke-Waza	Abwehrtechniken
Uchi-Uke	Abwehr mittlere Stufe von innen nach außen

Empi-Uke	Abwehr mit dem Ellenbogen
Gedan-Barai	Abwehr untere Stufe
Jodan/Age-Uke	Abwehr obere Stufe
Tora-Ku-mate-Uke	Tiger-Tatzenabwehr
Tora-Ma-washi-Uke	Kreisförmige Tiger- Tatzenabwehr
Moro-te-Uke	doppelseitige Armabwehr
To-ra-Te-Na-gashi-Uke	Tigerhand-Fegeabwehr
Shuto-Uke	Außenhandkantenabwehr
Soto-Uke	Abwehr mittlere Stufe von außen nach innen
Soto-(Uchi) Teisho-Uke	Handballenabwehr außen/ innen (innen/außen)

Zuki-Waza	Fauststoßtechniken
Age-Zuki	Fauststoß von unten nach oben
Gyaku-Zuki	seitenverkehrter Fauststoß
Kizami-Zu-ki	Fauststoß mit der vorderen Faust (aus der Kampfstellung heraus)
Oi-Zuki	seitengleicher gerader Fauststoß
Tate-Zuki	senkrechter Fauststoß

Uchi-Waza	Schlagtechniken
Genkotsu-	Drachenkopfschlag

Uchi (Zuki)	(auch als Stoß)
Haito-Uchi	Schlag mit der Hand-innenkante
Shuto-Uchi	Schlag mit der Handaußenkante
Shimo-to-Uchi	Hammerschlag
Ura-ken-Uchi	Handrückenschlag

Nuki-te-Waza	Fingertechniken
Ippon-Nu-kite	Einfingerstoß z.B. zum Hals
Nihon-Nu-kite	Zweifingerstoß z.B. zum Hals
San-bon-Nukite	Dreifingerstoß z.B. zum Hals
Nukite (Uke)	Speerhand (auch als Block-Speerhandblock)

Empi	Ellenbogentechniken
Empi-Uchi	Ellenbogenschlag
Mae-Empi-Uchi	Ellenbogenschlag nach vorn
Otoshi-Em-pi-Uchi	Ellenbogenschlag diagonal
Yoko-Em-pi-Uchi	Ellenbogenschlag zur Seite
Ushiro-Em-pi-Uchi	Ellenbogenschlag nach hinten

Geri-Waza	Fußtechniken
Hiza-Geri	Stoß mit dem Knie

Kakato-Ge-ri	Fersenfußtritt
Kansetsu-Geri	Fußtritt zum Kniegelenk mit der Fußkante
Kin-Geri	Fußtritt mit dem Spann
Mae-Geri	gerader Fußstoß nach vorne
Mawa-shi-Geri	Halbkreisfußtritt
Ashi-Barai	Fußfeger
Age-Kaka-to-Geri	Hakentritt von unten nach oben
Yoko-Geri	Fußtritt zur Seite
Ushiro-Ge-ri	Fußtritt nach hinten

Kumi-te-Waza	Partnertechniken
Ippon-Ku-mite	festgelegte Partnertech-niken aus der Kampf-stellung
Nage-Waza	Wurftechniken
Randori	Trainingskampf

Verschiedene japanische Begriffe	
Budo	Oberbegriff für japani-sche Kampfkünste
Bushi	japanischer Krieger
Bushido	japanischer Ehrenkodex der Samurai
Chudan	mittlere Stufe
Dan	Meistergrad
Do	Der "geistige" Weg
Dojo	Trainingsraum

Gedan	untere Stufe
Gi	Japanischer Kampfanzug (auch Kimono)
Hajime	anfangen, beginnen
Hakama	weites japanisches Beinkleid
Jodan	obere Stufe
Ju	weich
Kamae	Kampfstellung
Karateka	der Karate-Ausübende
Kata	festgelegte Abfolge von verschiedenen Techniken
Ki	innere Kraft, Energie
Kiai	Kampfschrei
Kihon	Grundschule im Stand
Kihon-Ido	Grundschule in der Bewegung
Kyoshi	Lehrer (7. bzw. 8. Dan)
Kyu	japanischer Schülergrad
Mawashi	halbkreisförmig
Mawate	Wendung
Nukite	Fingerstoß
Obi	Gürtel
Okemi-Wasa	Fallschule
Rei	Gruß, Verbeugung
Renshi	Lehrer (4. bis 6.Dan)
Seiza	Fersensitz/ Diamantsitz
Sensei (Sho)	Lehrer (unterer bis 2.Dan) 3. Dan
Shihan	Oberster Meister
Soke	"Herr des Hauses" Oberster oder Begrün-

	der eines japanischen Kampfstils
Tatami	Übungsmatte
Te-Waza	Handtechniken
Tegome	Hebel
Ushiro	rückwärts
Yame	Halt, Stop
Yoko	seitlich
Zukame	greifen, fassen

Waffen	Übungswaffen
Bo	Langstock ca.180 cm
Bokken	Zweihand Holzschwert
Hanbo	Kurzstock ca. 90 cm
Nunchaku	Schleuder und Schlag- waffe- 2 kurze Stäbe mit einer Kette verbunden. In Deutschland verbo- ten!
Sai Gabel	Kampfgabeln aus Okina- wa
Shinai	Japanisches Bambus- schwert
Tanto	japanischer Kampfdolch
Kama	Kampfsicheln aus Okinawa
Katana	japanisches Zweihand- schwert
Wakizashi	japanisches Einhand- schwert

Japanische Zahlen	
Ichi	eins
Ni	zwei

San	drei
shi, yon	vier
Go	fünf
Roku	sechs
Shichi	sieben
Hachi	acht
ku, kyu	neun
Ju	zehn

Betitelung und Graduierungen

Schülergrade Kinder ab 6- ca 10 Jahre
10. Kinderkyu - weißer Gürtel
9. Kinderkyu - weißer Gürtel - 1 roter Streifen
8. Kinderkyu - weißer Gürtel - 2 rote Streifen
7. Kinderkyu - weißer Gürtel - 3 rote Streifen
6. Kinderkyu - weißer Gürtel - 4 rote Streifen
5. Kinderkyu - weißer Gürtel - 5 rote Streifen
4. Kinderkyu - weißer Gürtel - 6 rote Streifen
3. Kinderkyu - weißer Gürtel - 7 rote Streifen
2. Kinderkyu - weißer Gürtel - 8 rote Streifen
1. Kinderkyu - weißer Gürtel - 9 rote Streifen

Die Kinderkyu Grade beginnen im kindlichen Alter von 6 Jahren. Da wir schon Kinder im Alter von 4 Jahren aufnehmen, können diese Leistungsaner- kennungen von sehr gut bis ungenügend errei- chen. Im Alter zwischen 10 und 12 Jahren (je nach Reife) können Sie dann Ihren gelben Gürtel, den 8. Kyu, erlangen. Damit wollen wir erreichen, dass die Kinder nicht überfordert werden, aber doch ihre Erfolgserlebnisse haben.

"Freddy" das Nihon Kai Bärchen

Reguläre Schülergrade

10. Kyu - weißer Gürtel
9. Kyu - weißer Gürtel - 1 gelber Streifen
8. Kyu - gelber Gürtel
7. Kyu – oranger Gürtel
6. Kyu - grüner Gürtel
5. Kyu - blauer Gürtel
4. Kyu - violetter Gürtel
3. Kyu - brauner Gürtel
2. Kyu - brauner Gürtel - 1 schwarzer Streifen
1. Kyu - brauner Gürtel - 2 schwarze Streifen

Mit dem Bestehen des violetten Gürtels, dem 4. Kyu, kann der Schüler mit der Ausbildung zum Trainer beginnen. Vorher kann er schon als Blaugurt, also dem 5. Kyu, zum Trainingsassistent ernannt werden. Bei der Prüfung zum 3. Kyu kann der Schüler auch seine Prüfung zum Trainer machen. Diese erfolgt theoretisch und praktisch.

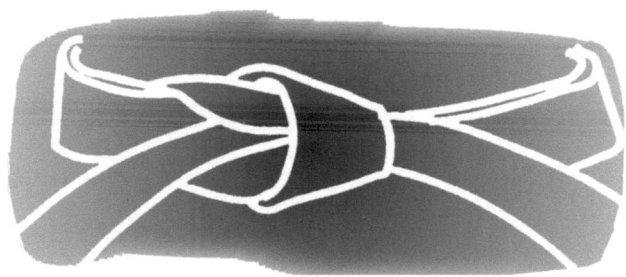

Danträger/Meistergrade

1. Dan - schwarzer Gürtel - 1 goldener Streifen - Sensei Sho - unterer Lehrer
2. Dan - schwarzer Gürtel - 2 goldene Streifen - Sensei Sho - unterer Lehrer
3. Dan - schwarzer Gürtel - 3 goldene Streifen - Sensei - Lehrer
4. Dan - schwarz/roter Gürtel - 4 goldene Streifen - Master
5. Dan - schwarz/roter Gürtel - 5 goldene Streifen - Master
6. Dan - weiß/roter Gürtel - 6 goldene Streifen - Grandmaster (Großmeister)
7. Dan - roter Gürtel mit goldenem Rand - 7 goldene Streifen Grandmaster

In unserem Nihon Kai Kempo gibt es zurzeit nur 8 Dangrade. (Aktueller Stand 2018)

Titel im Nihon Kai Kempo

Senpai - ab 4. Kyu möglich - Bedeutung "älterer Schüler" - oft als Mentor eingesetzt

Renshi - ab 4. Dan – Bedeutung " glänzender Lehrer" - hochqualifizierter Trainer

Kyoshi - ab 6. Dan – Bedeutung "treuer Lehrer oder Senior Instructor" - steht hinter seinem Stil

Shihan - ab 6. Dan – Bedeutung "oberster Lehrer" - speziell in den Kriegskünsten

Soke - Begründer oder Verwalter einer japanischen Kampfkunst - Bedeutung "Herr des Hauses"

Danksagungen

Hiermit möchte ich mich bei folgenden Personen bedanken. Ohne ihre Mithilfe wäre dieses Buch nicht zu Stande gekommen.

(1) Meinem Meister Soke Ben Stumpf, der mich lange Jahre in den verschiedensten Kampfkünsten unterwies und ausbildete.

(2) Meinem Lehrer Ralf Seisler, der mir die Kunst des Aiki Jitsu und Jiu Jitsu lehrte.

(3) Meinem Freund und Lehrer Bernd Höhle, der mir die Kunst des Tai Chi lehrte und meine Fähigkeiten im Schwertkampf verbesserte.

(4) Meinem Freund und Lehrer Ralf Bartzsch, der ebenfalls meine Fähigkeiten im Schwertkampf verbesserte.

(5) Meiner Lektorin Kathleen Langmann die mein Geschreibe mit Argusaugen durchsah.

(6) Meinem Bruder, dem Autor Andreas Kühnapfel, der mich mit nützlichen Tipps unterstützte, um dieses Buch zu schreiben.